# Dannelse og den formørkede fornuft

*Poul Ferland*

# Dannelse og den formørkede fornuft

*Refleksioner over dansk og vestlig kultur*

**Kulturfilosofiske essays**

Af samme forfatter:

*Kritik af magten*
*Det identiskes ophævelse i Adornos negative dialektik*
*Skiftespor*
*Lysglimt*
*Karl Kraus*
*Oplyst sport*
*Rundt om Aalborg Symfoniorkester*
*Teknologikritik i det 20. århundrede især*
*Hvad er et kunstmuseum i dag?*
*At tænke selv*
*Kulturarv og -gæld*
*Skyggesider*
*Modstandskamp & Landsforræderi*


Mail: poulferland8@gmail.com
Forlag: BoD – Books on Demand, Hellerup, Danmark
Tryk: BoD – Books on Demand, Norderstedt, Tyskland
ISBN: **9788743045540**

# Indhold

# Indledning

Denne samling essays er blevet til med anledning i, at centrale begreber i vestlig kultur kalder på en kritisk undersøgelse.

Essaysamlingen har fået titlen *Dannelse og den formørkede fornuft*. Og skønt blot det første af essayene direkte tematiserer dannelsesbegrebet, drejer alle essays sig om, hvad der må være eller blive relevant for genuin dannelse.

Den gennemgående tese for alle essays er, som titlen også røber, at fornuften i den vestlige, og herunder den danske, kultur - som jeg vel at mærke ikke er utilfreds med at være opvokset med og stadig have med mig, om end den altså har væsentlige problemer i sig - er formørket eller, om man vil, endimensional, instrumentel, på vildspor. Denne formørkelse forsøger essayene at fremstille igennem deres respektive, kritiske behandling af forskellige temaer som dannelse, det moderne, tro og mening i relation til viden, logikken og naturlovene samt spontanitet. Det er temaer, som ikke blot er videnskabeligt, filosofisk eller kunstnerisk-æstetisk, men også eller måske især almenkulturelt relevante.

Essayet om dannelse, der indleder samlingen, undersøger først det spørgsmål, der sælsomt nok ikke stilles af de brede kredse i befolkningen, der i dag stærkt efterspørger dannelse, nemlig spørgsmålet om, hvorfor den almene dannelse da i sin tid led skibbrud? Svar på dette spørgsmål må anses for helt centralt i forhold til at bestræbe sig på atter at etablere en dannelseskultur.

Essayet besvarer spørgmålet om, hvori en ny dannelse består, bl.a. med dette: "Dannelse er et dynamisk forhold, et grundlæggende erfarings-, erkendelses- og afklaringsforhold". Der kan givetvis laves pensa i fx gymnasiet i litteratur, musik og filosofi mm., der kan derimod ikke opstilles pensum i dannelse, skønt ikke mindst erfaring med kunstnerisk og humanistisk stof almindeligvis må anses for væsentligt i en dannelsesproces.

Dette essay taler med overlæg ikke om *almen* dannelse, idet en ny form for dannelse i høj grad må blive lagt an på individuel erfaring og erkendelse. Heri ligger dog også allerede noget alment, nemlig samfundets og enhver borgers forpligtelse på alles ret til selv at finde deres vej til erfaring og erkendelse.

Det næste essay *Skal man være "absolut*

*moderne"?* fremhæver, at det genuint moderne må være genstandssensitivt, historiebevidst og kritisk i en vis modsætning til den form for modernitet, der i dag må siges at være dominerende i ikke mindst vestlig kultur og vestlige samfund, og som i essayet kaldes "det fortidigt eller arkaisk moderne", der i højere grad betoner beherskelse af omverdenen og lægger vægt på det subjektive moment i forholdet til omverdenen.

I essayet - det tredje - om *Tro, mening og viden* betegnes troen som mangelfuld erkendelse og ikke, som tilfældet er i det mindste inden for kristendommen, som eksistentielt overlegen i forhold til viden, samtidig med at tro dog anses for jævnbyrdig med viden ang. Gudsforholdet.

Mening, der vurderes højt i dag, karakteriseres i essayet som i hovedsagen den enkeltes ejendom, der altså i princippet dårligt lader sig diskutere, fordi den er subjektiv, altså subjektets helt egen, hans "spillemærke" i samfundet, der måske kan kaste en gevinst af sig.

I det fjerde essay, *Logikken og naturlovene har nyttekarakter,* hedder det om det såkaldte modsigelsesprincip: "Et kardinalspørgsmål til dette princip er imidlertid, om det er af en rent logisk karakter, eller der er tale om et princip, der snarere er blevet til ud af menneskers erfaringer fra de første tider som en fornuftig regel for menneskers overlevelse i usikre eller ligefrem farefulde omgivelser, det være sig naturlige eller sociale. Tilhører "modsigelsesprincippet" altså en ren, ahistorisk, eviggyldig logisk sfære, eller har det snarere en historisk oprindelse som en praktisk foranstaltning, der skal tjene menneskers overlevelse?" Tilsvarende kan der spørges til ang. "den tilstrækkelige grunds princip" og naturloven, der er de to øvrige hovedtemaer i dette essay. Og i alle tre tilfælde besvares spørgsmålene med, at logikkens regler og naturlovene er nyttige og ubestrideligt af stor praktisk betydning, men at de ikke som ellers almindeligvis antaget repræsenterer nogen emfatisk erkendelse af omverdenen; dertil er verden for flertydig, men immervæk ikke umulig at nå til en, om end aldrig absolut, men derimod foranderlig, erkendelse af.

I det sidste essay, *Indgrebet. Den spontane handling,* der delvis bygger på forfatterens personlige oplevelse og erindring, behandles i kortere form spontanitetsbegrebet, hvilket her beskrives som historisk opkommet snarere end som umiddelbart tilstedeværende i ethvert menneske fra tidernes morgen og fra fødslen. Der argumenteres i essayet for, at spontaniteten har relativt ugunstige vilkår i samfund, der har egeninteressen som det vigtigere fundament.

Hadsund, april 2022

*Poul Ferland*

## Skitse til en ny dannelse

Den store efterspørgsel efter dannelse i Danmark i disse år synes at pege på en generelt betydelig mangel på samme. Muligvis efterspørges den i højere grad og i større omfang fra, hvad man kan kalde det kulturelle højre; men dette ønske om dannelse modsiges i så fald ikke fra, hvad der kan benævnes den kulturelle venstreside.

Ofte synes svaret fra de dannelsesefterspørgende på, hvad den ønskede dannelse i Danmark da nærmere bestemt burde indeholde, at blæse temmelig frit i vinden, uagtet at sporadiske ønsker om fx et tættere forhold til den kristne tro af og til bringes på bane i den forbindelse, og skønt forskellige kulturelle kanoner også kan hævdes at være forsøg i samme retning. Rådvildhed angående dannelsens formål og indhold forekommer imidlertid i høj grad at råde selv blandt dannelsens fortalere i offentligheden.

Denne rådvildhed synes imidlertid at være fuldt forståelig al den stund, dannelsen én gang så at sige er blevet afskaffet, ikke først og fremmest ved en officiel demokratisk beslutning, men igennem en social, kulturel og historisk bevægelse, givetvis af ganske gode grunde, og derfor igennem sine fortalere grundigt må ransage og granske sig selv og sin "samvittighed" og virkelig dybtborende må finde frem til yderst solide, gangbare, perspektivrige og for alle enkeltpersoner og hele samfundet lovende argumenter for sin opstandelse, der givetvis snarere må blive en ny- end en genopstandelse.

Det vil altså være futilt i dag blot at kalde på mere dannelse; det, som i første omgang er påkrævet, er *undersøgelsen af, hvorfor dannelsen, den almene dannelse, har lidt skibbrud.* Førend det spørgsmål er tilpas afklaret, vil muligheden for en revideret dannelse være illusorisk. I det følgende vil først en skitse til en sådan undersøgelse blive fremstillet. Derpå vil et nyt dannelsesbegreb blive forsøgt opridset. Endelig forsøges det at uddrage kernen i dette nye dannelsesbegreb.

## Om den gamle dannelses forlis

Kritikere af, hvad de ser som manglende

dannelse, fastsætter ofte tiden for denne dannelses bortgang til tiden omkring 1968, og deri har de næppe ganske uret, skønt ikke mindst den gamle, klassisk dannede verdens verdenskrige i det 20. århundrede givetvis gav ophav og grunde til de første åbninger for tressernes og halvfjerdsernes implicitte og eksplicitte dannelseskritik. Hvad dette år symbolsk stod for, gøres samtidig til den forkastelige årsag til denne bortgang. Deri har de næppe ret; det synes at være et quid pro quo, en forveksling af årsag og virkning, idet årsagerne til dannelsens dengang forbløffende hastige – og derfor øjensynlig dertil meget parate! – bortvisnen langt snarere vil være at finde i den datidige dannelse selv.

Der er historisk og aktuelt to dikotomisk modsatrettede og ikke umiddelbart forenelige tendenser i dannelsesbegrebet, sådan som dette er funderet iboende i det moderne samfund fra dets opkomst i og med renæssancen i 1300-tallet, nemlig *frihed på den ene side og orden på den anden.*

Når der i dag efterlyses mere dannelse, så synes grunden at være sådan noget som en antaget, samfundsmæssigt almen mangel på det enkelte menneskes respektive samfundets pejlemærker for dets eget liv og dettes mening, for social og etisk ansvarlighed, for børnenes og de unges opdragelse og for undervisningens didaktiske indhold ikke mindst i folkeskole og gymnasium. Med andre ord synes det centrale for det udtalte ønske om dannelse så at sige at være en antaget mangel på orden eller harmoni i det enkelte menneske, i de intersubjektive forhold, i moralen og i forholdet mellem den enkelte borger og de samfundsmæssige fællesskaber. Og ansvarlig for denne postulerede mangel på dannelse hævdes ofte at være den såkaldt antiautoritære bølge i 1968 og årtiet derefter.

Sagen var imidlertid den, at den dannelse, hvis grundlæggende formål hele tiden, og mindst fra renæssancen og frem, eksplicit eller implicit primært havde været menneskers frihed, frihed fra "mørk middelalder", fra feudale forhold, fra absolut enevælde, fra kirkens magt og fra uoplysthed, i for høj grad var gået i stå, stivnet og forstenet i 1968 og ikke længere bragte mennesker hen imod den lovede frihed på væsentlige områder, uagtet velfærdssamfundets gradvise indførelse efter krigen og hvad dette i grunden i intentionen pegede frem imod af øget frihed.

Uddannelsessystemet var fx ikke særligt indstillet på elevernes selvstændighed – på trods af den selvstændighedsbetonende 13-karakterskala, indført i 1963! – meget af kirkens åndelige gods indgik i den folkeskole, der stadig i høj grad virkede ved frygt, angst og vildt overdrevne sanktioner for småforseelser, den dengang herskende samlivsform, ægteskab, opfattedes af mange som et tvangskorset, hvad det sikkert også i en del tilfælde var, og mange kvinder så sig som undertrykte af såvel manden og patriarkatet som samfundets normer.

Der var således ikke mangel på dannelsens "orden" dengang, til gengæld var der utvivlsomt mangel på dens frihed. At mene, at ´68 var et brud med en udelukkende rigtig orden og en dertil svarende dannelse, rammer ikke sit mål. Vil man i dag en anden dannelse end før-otteogtres-dannelsen, er det helt nødvendigt at medtænke og indtænke kritikken fra '68; lejrtænkning og animositet fører derimod ingen vegne hen, og i hvert fald ikke til nogen genuin dannelse. Den kulde og hårdhed og den hierarkiske samfunds- og tankeform med korporlige og ofte tilfældige klø som et vigtigt disciplineringsmiddel, der immervæk stadig var ganske fremherskende i de første seks årtier af det 20. århundrede, skulle og måtte der gøres op med. Ligeledes var kritikken og diskussionen af den rådende relation mellem den enkelte borgers rettigheder eller demokrati på den ene side og kapitalistisk økonomi på den anden relevant. Det skete dog ikke, uden at der var tale om visse fald ned i den anden grøft – ja i nogle tilfælde også ned i den i visse væsentlige henseender samme grøft, sådan som det var tilfældet med de talrige doktrinære og dogmatiske, ordensdyrkende marxismeforståelser.

Det er vigtigt at holde sig for øje, at alt, hvad man kan kalde for dannelse gennem historien hidtil, så at sige i alt væsentligt i intentionen vitterligt har fundet sted for menneskers skyld, har tildraget sig i deres trygheds, friheds og sammenholds interesse. Dette uanset, at dannelsen eller civilisationen rigtignok i høj grad historisk har fundet sted med basis i stands-, klasse-, køns- og andre privilegier. Med andre ord må den reviderede kritik af den gamle før-'68-dannelse, som er nødvendig for om muligt at nå frem til et aktualiseret dannelsesbegreb i dag, være nuanceret og rumme respekt for før-'68-dannelsens iboende dannelsesbestræbelse med henblik på at redde det bevaringsværdige heri.

Som sagt er efterspørgslen efter dannelse i dag et fremherskende, sociokulturelt træk, ikke mindst som fremført i nyhedsmedierne, men også i fagfolks overvejelser over uddannelsessystemets fremtid. Og ofte kan man få den opfattelse, at det, der reelt også efterspørges, er mere disciplin eller respekt; respekt for det, som nu legitimt måtte forlange respekt. En vis socialt udbredt usikkerhed, rådvildhed og slaphed so oder so parret med en manglende begrundet respektløshed og en overvurdering af egen persons og egen subjektiv menings betydning har ikke mindst foranlediget dette ønske, der altså i høj grad kan tydes som en længsel efter mere disciplin.

Den for stærke sociale usikkerhed lader sig uden tvivl for en ret stor del spore tilbage til et for omfattende opgør med "autoriteterne" i årene omkring 1968. Den autoritet, der var værd at tro på, fordi den tog dig ved hånden og hjalp dig igennem gadernes trafik og førte dig sikkert hjem, som hjalp dig med medicin og pleje, når du var syg, og som besad værdifuld faglig og saglig viden, som du blev gjort delagtig i i hjemmet og i skolen med videre, blev i høj grad elimineret i et almindeligt opgør med en utilstrækkeligt begrebet "autoritet".

Samtidig må den materielle og økonomiske samfundsstrukturs betydning ikke undervurderes i denne sammenhæng; det skal ikke overses, at et samfund, der har individernes indbyrdes økonomiske konkurrence som en central basis, og som fx har rådigheden over midler til borgerens udstødelse af fællesskabet og midler til elimineringen af det enkelte menneskes mulighed for at anvende sine faglige kundskaber og evner i samfundets tjeneste ved at sende borgeren ud i arbejdsløshed, givetvis leverer et ganske anseligt bidrag til en alment gældende usikkerhed og rådvildhed hos borgerne i samfundet, der legitimt ønsker at være og stræber efter at være en anerkendt del af livet i dette samfund.

Det altomfattende autoritetsopgør har vist sig at lide af en vis vildfarelse. Opgøret havde imidlertid en væsentlig grund i en meget omfattende svigten hos det, som den tyske filosof G.W.F. Hegel (1770-1831) i den for ham særegne terminologi kaldte for "den objektive ånd", nemlig staten og de sociale normer, der bl.a. inden for skolevæsenet havde en delvis voldelig karakter. Denne svigten kom især til udtryk i de stærkt civiliserede staters verdenskrige i det 20. århundrede, ikke mindst i de totalitære stater og den nazistisk-racistisk begrundede udryddelse af jøder og andre folkeslag. I efterkrigstidens Vesttyskland havde de tidligere generationers fortielser og manglende "Vergangenheitsbewältigung", altså bearbejdelse og erkendelse af erfaringerne fra Anden Verdenskrig og jødeudryddelserne, således en central rolle i forbindelse med udbruddet af studenters og andre yngre tyskeres revolte i dette land i 1968. Dette ofte absolutistiske opgør med "den objektive ånd" førte imidlertid til, at den subjektive ånd, eller snarere subjektiviteten, den subjektive, individuelle mening og det subjektive, individuelle valg i høj grad indtog positionen som både personlig og samfundsmæssig autoritet i al fald i den vestlige verden.

## Rids af et nyt dannelsesbegreb

Det subjektives samfundsmæssige førerstilling i de senere årtier kan med rimelighed for en stor del tolkes som resultat af en meget høj grad af opgør med det enkelte menneskes disciplinering. Den afdøde franske filosof og idéhistoriker Michel Foucault (1926-84) og de teoretiske retninger, han har inspireret, som poststrukturalisme, dekonstrukivisme og socialkonstruktivisme, kan endnu i dag siges at være nogle af de mest fremtrædende fortalere for en slags afdisciplinering. Et væsentligt led i overvindelsen af den subjektive rådvildhed må således rigtignok være en ændret og vel at mærke selvstændiggørende form for disciplinering af mennesker, der primært må være og have som formål en selvdisciplinering, og som nødvendigvis må gå via en rehabilitering af det objektive, uden at det subjektive, mentalt såvel som kropsligt, dog atter engang bliver undertrykt.

Erkendelsen af, at der overhovedet findes et objekt uden for subjektet og ikke mindst det at sætte sig ind i, genuint at begribe et vanskeligt stof eller objekt, kræver disciplinering og primært selvdisciplinering af det enkelte menneske, baseret på dettes egen indsigt – det ved eksempelvis enhver kunstner, enhver artist, enhver videnskabsudøver og enhver sportsmand og -kvinde på et blot gennemsnitligt niveau. Det samme gør det at respektere et andet menneskes ønsker og behov og ikke blot rette sig efter sig selv og sine egne tilskyndelser. De enkelte mennesker må altså hensynsfuldt bringes hen imod en ikke ukritisk respekt for de mennesker samt de ting og anliggender, der findes uden for dem selv.

(Selv)disciplinering kan derfor med rette hævdes at være en vigtig del af et nyt dannelsesbegreb og en helt central forudsætning for respekt for objektet, for det uden for subjektet liggende, idet *dannelse i høj grad betyder respekt for objektet*, og idet denne respekt kræver den enkeltes disciplinering. Denne nye disciplinering må dog ikke finde sted på bekostning af subjektets retmæssige stilling, af dets myndighed og autonomi som selvstændigt erfarende, tænkende, følende og handlende individ og borger.

Disciplineringen af mennesker før '68 var altså i høj grad en heteronom eller allonom, fremmedbestemt disciplinering. Men "'68-oprørerne" differentierede i almindelighed ikke i disciplineringsbegrebet lige så lidt som i autoritetsbegrebet og overså i høj grad den indsigtsfulde (selv)disciplinerings, autonomis og myndigheds påkrævethed. Og den til højeste dømmekraft ophøjede, subjektive mening på sin side begriber i grunden ikke det, den mener at sige noget om, hvilket i en yderste konsekvens kun kan føre til rådvildhed, der er en anden betegnelse for manglende orienteringsevne i verden. Men en mulig ny dannelse må altså på sin side ikke overse det subjektives ret, bestræbelsen på adækvat hensyntagen til den enkeltes følelser, behov, ønsker, tanker, vilje, fantasi mm.. Dette betyder utvivlsomt tillige, at begrebet om og betegnelsen *almen* dannelse, det vil sige en for alle enkelte mennesker gyldig dannelse, må afskaffes eller i det mindste revideres ganske betydeligt med tilbørlig hensyntagen til det enkelte individ.

Dannelse er ikke en én gang for alle definerbar ting, ej heller et bestemt eller flere bestemte skole- eller gymnasiefag. Dannelse er derimod langt snarere et dynamisk forhold, et grundlæggende erfarings-, erkendelses- og afklaringsforhold til og for den enkelte erfarende og erkendende person selv og til omverdenen, et forhold, som kun delvis er institutionaliseret og kun delvis lader sig institutionalisere på blandt andet læreanstalter, men som i princippet kan finde sted i forbindelse med alle et menneskes relationer. Centralt i dette forhold placerer imidlertid kunsten sig. Kunstens iboende, almene formål er om noget selve forsøget på afklaring af menneskets forhold til omverdenen og dermed på erkendelse af, hvad mennesket og verden væsentligt i deres historicitet og aktualitet måtte være. Ikke mindst er skønlitteraturen central, fordi den plejer og skærper det konkrete, anskueliggørende sprog, som denne erkendelse primært udtrykkes i.

Meget sigende i denne forbindelse er da også det (almen)dannende og studieforberedende gymnasiums oprindelse som litterært og sprogligt gymnasium, dengang tidsligt og til en vis grad værdimæssigt funderet i den klassiske græske og romerske antik. Siden - fra år 1871 - vandt de naturvidenskabelige fag rigtignok indpas i gymnasiet, men sprog- og litteraturfagenes status er stadig central i gymnasiet, ikke mindst de "nysproglige" fags position, men jo primært danskfagets.

Naturvidenskabens formål på sin side er ikke en sådan erkendelse af omverdenen - fysisk, kemisk, biologisk, geografisk med videre - der har sit formål i sig selv. Naturvidenskaben og endnu mere teknikken eller teknologien tjener primært menneskets beherskelse af omverdenen og har altså grundlæggende et praktisk formål - uanset en opdeling i grundforskning og anvendt forskning. Naturvidenskabens kvantificering, matematisering og empiriske faktaorientering i forhold til sin undersøgelsesgenstand af hvad art, denne end måtte være, er eksakt egnet til praktiske brugsformål, men siger ikke noget om tingenes væsen, ja tværtimod enten benægter naturvidenskaben eksistensen af et sådant eller er implicit eller eksplicit indifferent over for spørgsmålet, som den finder irrelevant for videnskaben, således som den skolastiske engelske filosof William af Ockham (ca. 1288-1347) med sin videnskabelige "ragekniv" eksemplarisk ville skære alle metafysiske og religiøse spørgsmål væk fra naturvidenskaben. Derfor kan den dårligt hævdes umiddelbart at kunne have et dannelsesformål, hvilket dog, hvad der må understreges, ikke gør den mindre værdifuld i dens egenskab af naturvidenskab. Men naturvidenskabens dannelsesværdi må gøres til genstand for overvejelse, for reflekteret erkendelse. Det kan ske med basis i den filosofi, der så at sige står last og brast med kunsten, når det gælder det ikke-beherskende selv- og omverdensforhold, det forhold, som, når det specifikt angår filosofien, er henvist til den grundigst mulige *begribelse* af det objektive, uden at det subjektive og individuelle opgives som irrelevante i og for denne erkendelse. Denne filosofi er *teoretisk, i høj grad spekulativ* og *kritisk erkendende,* er *tydning,* mens naturvidenskaben i sit anlæg eller yderste formål er *praktisk beherskende,* er *forskning.*

Fremhæves skal endvidere *historien,* herunder kulturhistorien inklusive religionens, især kristendommens, historie, der som dannelsesrelevant felt leverer umådelig meget stof til overvejelser over, hvad menneskers forhold til omverdenen og dem selv i al individuel og historisk variabilitet måtte være, samt hvad mennesker aktuelt og ikke mindst historisk måtte stræbe hen imod.

Litteratur, især skønlitteratur, sprog – i Danmark ikke mindst det danske sprog – og historie må således siges at have centralstatus i det mindste i en institutionaliseret dannelse i form af undervisning og studier, hvilket gymnasiets historie, der her lader sig benytte som en sigende model, da også bærer vidnesbyrd om. Naturvidenskaben vel at mærke i reflekteret, filosofisk *begrebet* form må også siges at være klart dannelsesrelevant. Noget tilsvarende kan siges om samfundsvidenskaber som fx økonomi og sociologi; i sig selv er disse sidste fag heller ikke primært dannelsesfag, men praktiske, brugs- og nytterelaterede fag.

Med hensyn til sprogets status som dannelsesbærende må *sprogets karakter af erkendelsesbærende* understreges frem for dets funktion som kommunikationsmiddel. Sproget i denne sidstnævnte funktion tilhører det praktiske liv, mens sproget som erkendelsesbærende er uafhængigt af praksis. For denne dannelseskarakter ved sproget har grammatikken uden tvivl en specielt central betydning.

Der er således en principiel differens mellem dannelse og uddannelse. Dannelse er teoretisk og i en vis forstand unyttig, mens uddannelse på sin side tjener praktiske formål og på den måde er nyttig. Brugsværdien og bytteværdien er ikke det centrale for dannelsen, det er derimod erfaringen og erkendelsen som sådan. Det betyder imidlertid ikke, at dannelsen ikke kan danne en basis for overvejelser over måder at handle på. Picassos maleri "Guernica" fortæller således noget om, at krig er umenneskelig, men billedet siger ikke noget om, hvorvidt man da bør handle på en bestemt måde, eksempelvis blive pacifist, tage kampen op mod fascismen eller af mulig nødvendighed forsøge at samarbejde med den, skønt maleriet rigtignok nemt kan tydes som antifascistisk.

Dannelse er ikke rethaveriskhed, men åben sandhedssøgen. Den sætter spørgsmålstegn ved sine egne forudsætninger. Den opgiver altså ikke begrebet om sand erkendelse til fordel for den subjektive mening vel vidende, at mennesker kan tage fejl, at sandheden forandrer sig, og at sandheden også indeholder et subjektivt moment. Kunsten er paradigmatisk i denne sidstnævnte henseende med den betydelige subjektive tilsætning i sine udtryk for fællesmenneskelige eksistensbetingelser. Det er, som et andet eksempel herpå, i høj grad op til den enkelte person, om ytringsfriheden, forstået som en sand rettighed, bruges skarpt polemisk eller eventuelt til mere saglig argumentation, og om den bruges til at gå i demonstration eller til at skrive kronikker eller læserbreve i dagblade.

## Dannelsens kerne

Det synes vanskeligt at benægte, at en væsentlig del af dannelsens inderste er tanker om og erkendelse af, hvad et godt liv sammen og hver for sig for alle mennesker uden undtagelse er eller kunne være. Ingen dannelse kan således have et dårligt liv som sin inderste intention. Lykke kan tilsvarende kaldes et centralt formål for dannelsen; et mislykket liv kan tilsvarende ikke kaldes for dannelsens hensigt.

Det må understreges, at et godt liv og endog lykken ikke nødvendigvis udelukker skrammer, skuffelser, sorg, fejltagelser og andet, der kan betegnes som "negativt". Men der må ikke desto mindre sættes alt ind på samfundsmæssigt og individuelt moralsk at sikre alle mennesker imod uretten og at frigøre dem fra angsten, sådan som blandt andet, men ikke kun, kristendommen forsøger, når den formanende siger: "Frygt ikke!" Det må i højeste grad tilstræbes at bibringe mennesker, også igennem samfundets juridiske lovgivning, mest muligt håb og kærlighed, ikke mindst igennem hele - herunder også den familiære -

opdragelsen og den offentlige pædagogik i daginstitutioner og skoler.

Naturligvis er et godt liv i høj grad subjektivt eller individuelt bestemt - og i øvrigt individuelt foranderligt i og med det enkelte menneskes udvikling og nye erfaringer - og derfor er tolerance og respekt for andres meninger og holdninger af central betydning for dannelsen.

*Oplyst myndighed er et helt uomgængeligt nøglebegreb for dannelsen.* Den tyske filosof Immanuel Kant (1724-1804) spidsformulerede i sit skrift fra 1784 "Beantwortung der Frage: Was ist Aufklärung?" ("Svar på spørgsmålet: Hvad er oplysning") (1784) oplysningens projekt på denne måde: "Oplysning er menneskets udgang af dets selvforskyldte umyndighed" og opfordrede derfor med et oplysningens valgsprog det enkelte menneske til at *"have mod til at betjene dig af din egen forstand!"* inspireret af den romerske digter Horats' (65-8 f.Kr.) dictum "Sapere aude!" ("Vov at vide!").

En anden tysk filosof, Theodor W. Adorno (1903-69), stemte overens med Kant i, at den enkeltes myndighed er af central betydning for enhver nutidig og fremtidig dannelse, således markeret i titlen på artiklen ″Erziehung zur Mündigkeit″ (″Opdragelse til myndighed″) fra 1969. I Adornos artikel fra 1966 ″Erziehung nach Auschwitz″ (″Opdragelse efter Auschwitz″) præciseres det, at opdragelsen og altså dannelsen først og fremmest må tage sigte på, at *Auschwitz ikke må gentage sig.*

I sidstnævnte artikel kommer Adorno ind på endnu et i den almindelige dannelsesdiskurs og -debat sjældent tematiseret eller måske ligefrem overset begreb, som han, og efter min mening med rette, anser for centralt for dannelsen, nemlig *kærlighed*. Problemet i forhold til dannelse synes imidlertid at bestå i, at kærligheden ikke lader sig sætte på formel, den kan ikke defineres, pædagogiseres, doceres eller sættes ind i et (skole)skema. Kærligheden kan ikke gives væk som en gavepakke; den er altovervejende spontan og kan dårligt gøres til en bevidst handling. I henseende til kærlighed gælder det, at den ene hånd ikke ved ret meget om, hvad den anden gør.

Men der kan vel at mærke ikke påhæftes den en etiket som eksklusivt positiv eller affirmativ; kærligheden kunne således, det kan ikke udelukkes, fx også for nogle mennesker herhjemme historisk tage form af modstand imod besættelsesmagten under 2. Verdenskrig. Kærlighed udelukker principielt ikke vrede.

Indikatorer på kærlighed synes at være omsorg for det andet og den anden og en impuls til at lade tingene være uden indblanding og ikke i hovedsagen at gøre dem til instrumenter for egne formål, hvilket ikke nødvendigvis samtidig vil betyde opgivelse af egen kritisk bevidsthed samt af en vis praktisk fornuft.

Og hvis det imidlertid lykkes nogen at fremme sådan noget som genuin glæde, nydelse, hengivenhed, taknemmelighed, passende beskedenhed, uselviskhed, medfølelse, tillid eller ærlighed, så har vedkommende vel nok formået at handle eller tale kærligt, uanset den handlendes eller talendes subjektive motiv.

Hvorom alting er, så synes det åbenbart, at *uden kærlighed som et fundament, ingen dannelse!* En formel "dannelse" i fx litteratur, historie, dansk sprog, fremmedsprog og filosofi er simpelthen ikke nogen, hvis ikke kærligheden er dens frugtbare jord, hvori den vokser. Eller udtrykt med N.F.S. Grundtvig (1783-1872) i sangen "Nu skal det åbenbares" (1834): "Og den har aldrig levet, som klog på det er blevet, han først ej havde kær".

# Skal man være *absolut moderne*? Refleksioner over begrebet *modernitet*

*"Il faut être absolument moderne"*
*("Det er nødvendigt at være absolut moderne")*

Arthur Rimbaud (1854-91)

Den franske digter Arthur Rimbauds ofte citerede, ovenanførte dictum overlader besvarelsen af to centrale spørgsmål til læseren: hvad er det at være moderne? Og hvorfor er det nødvendigt at være absolut moderne - såfremt dette da overhovedet *er* nødvendigt eller blot ønskeligt?

Det første hovedafsnits kondenserede, idéhistoriske fremstilling har til hensigt at lede frem til andet hovedafsnits besvarelse af disse spørgsmål.

## Hvad indebærer det at være moderne?

### *"Den kopernikanske vending"* og dens idémæssige konsekvenser

Den polske astronom Nikolaus Kopernikus (1473-1543) revolutionerede i begyndelsen af 1500-tallet ikke blot astronomien, men i afgørende grad hele den indtil da dominerende verdens- og menneskeopfattelse i den vestlige del af verden, da han fastslog, at det er Jorden, der drejer rundt om Solen og ikke omvendt, som hidtil antaget, Solen, der drejede rundt om Jorden. *"Den kopernikanske vending"* havde ganske vist også sine historiske, samfundsmæssige, kulturelle, videnskabelige og filosofiske forudsætninger, sine "skuldre at stå på", og var ikke alenebestemmende for de nye historiske udviklings- og tankebevægelser; men den var og betegnede ikke desto mindre i sig selv intet mindre end en revolution i menneskehedens historie foruden endog i en klar form at være mønstergyldig for samtidens epokegørende, historieomvæltende materielle såvel som idémæssige begivenheder, der afgørende skulle præge også hele eftertiden indtil i dag.

Som det, set i det længere historiske perspektiv begyndende i senmiddelalderen og for alvor i renæssancen, mere eller mindre langsomt skulle gå op for menneskeheden, for videnskabsmænd, filosoffer, teologer, kunstnere og alle andre mennesker, var verdensbilledet, tingenes og menneskenes væsen, nu ikke længere metafysisk eller religiøst fastlagt og uforanderligt med mennesket i centrum og, når det gælder den religiøse, kristne opfattelse, med Gud skabende og styrende ovenover sin skabning, svarende til især antikke filosoffers metafysiske, altdominerende Øverste Princip eller Første Princip.

De filosofiske implikationer af "Den kopernikanske vending" var især for det første, at det enkelte menneske eller subjekt ikke længere var del af et bestemt, på forhånd fastlagt system eller en verdensorden, som den enkelte, eksempelvis som elev eller discipel i en eller anden form for undervisningssammenhæng, kunne blive indpodet, undervist af en på sit felt antaget alvidende lærer, munk, præst eller lignende. Undervisningen, der altså var en del af samfundets enhedslige struktur, kunne derfor kaldes autoritær - eller blot faderlig med et mindre belastet ord - i den forstand, at underviseren i modsætning til de underviste var en, der vidste fuld og god besked om sit specifikke, af nye opdagelser dårligt nok forandrede eller udviklede område. Den elev eller student, der modtog undervisning, hverken skulle eller måtte have lov til at tænke selv, men var derimod henvist til at lære den urørlige, overbragte viden udenad. Men med Kopernikus' opdagelse væltedes ethvert sådant system, og nok ikke mindst den altdominerende katolsk-kristne lærebygning og kirkeordning, i realiteten omkuld og gjordes, i det mindste de facto ifølge den nye paradigmatiske erkendelse, ugyldigt.

For det andet var det enkelte menneske så fra nu af overladt til sig selv i en usikker eller i hvert fald aldrig på forhånd fastlagt verden. Mennesket var nu ikke længere Guds privilegerede skabning, placeret med en fast plads og med et uforanderligt væsen i centrum af Hans skaberværk; mennesket var ikke længere den skabning, om hvilken alting drejede sig, men var derimod uden for Guds særlige og privilegerede opmærksomhed og altså henvist til sig selv. Desuden var mennesket til stede på Jorden i denne klodes egenskab af at være en foranderlig plads og med foranderligt perspektiv på alt som et helt grundlæggende vilkår.

For det tredje var mennesket ikke mere først og fremmest del af en større eller mindre helhed af mennesker, fx af hele menneskeheden, som tilfældet i princippet var for kristendommen, af familien, af nationen eller andre universelle eller partikulære helheder – uagtet at nationalstaterne faktuelt begyndte at vokse frem for alvor i renæssancen. Mennesket var fra nu af derimod grundlæggende og primært et individ, et enkeltmenneske som følge af, at middelalderens verdensbillede, der bygger på og indebærer et helheds- og enhedssyn, var brudt sammen. Nu var mennesket alene, i det mindste de facto for den dengang fremherskende erkendelse skønt i den virkelige historiske bevægelse kun gradvis, lidt efter lidt; det menneskelige individ var overladt til sig selv, til sine egne følelser, sin egen empirisk funderede undersøgelse af både omverdenen og sig selv, sin egen tænkning og samvittighed, hvad ikke mindst den engelske filosof Francis Bacon (1561-1626) blev til en slags herold for med sit skrift om videnskabelig metode, *Novum Organon* (1620).

Der var altså, for det fjerde, grundlæggende ingen sammenhæng, men snarere sammenstød mellem enkeltindividerne, som forholdet er mellem atomer, hvad den tidlige liberalistiske tænkning ret snart skulle udfolde med en anden engelsk filosof, Thomas Hobbes (1588-1679), som en klartskuende protagonist. Hobbes er ikke mindst kendt for sit dictum "Bellum omnium contra omnes" ("Alles krig imod alle") i blandt andet hovedværket Leviathan (1651) til karakteristik af menneskehedens urtilstand eller oprindelige naturtilstand.

Og for det femte kunne nu ikke længere nogen organisk eller anden fast og bestemt sammenhæng mellem mennesket og den ydre natur anerkendes; også denne antaget oprindelige og fra tidernes morgen bestemte sammenhæng faldt, som en afledt konsekvens af "Den kopernikanske vending", fra hinanden og splittedes i en dikotomi, i en ren tvedeling af mennesket/subjektet på den ene side og genstanden/naturen/objektet på den anden. Denne splittelse betød samtidig, at mennesket nødvendigvis måtte klare sig selv i en natur og en verden, som, man ikke kunne gå ud fra, var mennesket venlig stemt så at sige. Men mennesket var dog bestemt som subjekt, den aktive part, den, der bestemte over en på forhånd ubestemt natur, som altså var underlagt menneskets herredømme.

Også den tyske, teologiske og kirkelige reformator Martin Luther (1483-1546) kan hævdes de facto at udtrykke en slags "kopernikansk vending". Han vendte teologien og den kirkelige orden om fra at være bestemt ovenfra og ned til at være bestemt nedefra og op. Hans protestantisme vendte sig fra fra hierarkisk pavedømme til det almene præstedømme, ifølge hvilket enhver kristen så at sige var præst for Vorherre; den vendte sig væk fra Bibelteksten læst og fortolket ex cathedra af de (højere) gejstlige og hen til samme tekst læst og fortolket af menigmand; væk fra den opfattelse af Gud, som indirekte via pave og kleresi taler til menigheden, og så til den enkelte kristne person, der selv finder sin vej til sin Gud; fra det ovenfra og udefra kommende kirkelige latin til menighedens nedefra og så at sige indefra kommende modersmål. Luther er væsentligt betragtet fortaler for en vending væk fra det ydre, fra den kristnes for Gud (antaget) gode gerninger, til det indre, det enkelte kristne menneskes tro.[i]

Den nederlandske humanist Erasmus af Rotterdam (1466-1536) talte, fx i sit skrift *Tåbelighedens lovprisning* (1511), for at udskifte Platons, Aristoteles' og stoikernes idealistiske tankebygninger, der også i forskellige epoker havde præget kristendommens teologi, herunder dens strenge moral og munkevæsenet, med en mere jordnær, kropsligt og sanseligt funderet menneskelig tilværelse med basis i en overbevisning om menneskets gudskabte og gudgivne gode natur. Denne overbevisning om en i sit væsen god menneskenatur delte Luther dog ikke, idet han i overensstemmelse med, hvad han betragtede som ortodoks kristendom, anså menneskets natur som faldet fra en - trods alt - oprindeligt uskyldig tilstand i Paradis og for at være syndig, hvilket kun kunne afhjælpes igennem Guds nåde, ikke gennem menneskets egen vilje og bestræbelser. Men også Erasmus' tænkning kan på sin særegne vis siges at være et vigtigt udtryk for en slags "kopernikansk vending", omend måske mere som en del af tidsånden, som en selvstændig parallel til Kopernikus' forskningsresultater, end som inspireret direkte eller indirekte af disse.

**Resumé**

"Den kopernikanske vending" som såvel reel vejviser i datidens virkelighed som symbol på den nye tidsalder, renæssancen, og de nye tanker og tendenser i perioden indebærer muligheden for og realiseringen af menneskets *selvstændiggørelse*. Men samtidig betyder den også i sine konsekvenser en betydelig tendens til det enkelte menneskes isolation i forhold til dets medmennesker og den ydre natur, hvilken mennesket nu ikke længere opfattes som en del af.

Menneskets egen, indre natur bliver med den nye tid på den ene side ligeledes genstand for beherskelse og dermed fremmedgørelse for den enkelte selv. Men på den anden side set frigøres menneskets natur fra forudgiven moral, herunder seksualmoral. Der findes altså i perioden, men ikke nødvendigvis i hvert enkelt menneske, som en fremherskende tendens et tvetydigt forhold til menneskets indre natur.

At mennesket nu ikke længere de facto anses for at have et forpligtende forhold til hverken en bestemt moral eller en bestemt religion, er den italienske filosof og diplomat Niccolò Machiavelli (1469-1527) en fremtrædende eksponent for, idet han i sit skrift *Fyrsten* (udgivet posthumt i 1532) deskriptivt og måske også normativt fremstiller en fyrstes forhold til moral og religion som rent pragmatisk; såfremt bestemte moralske værdier eller en bestemt religiøs tro altså tjener fyrstens magt, da kan de antages som gyldige af fyrsten ifølge Machiavelli. Skriftet drejer sig rigtignok om fyrstens politiske forholden sig, men hans indsigter på dette særlige felt lader sig også se som alment gyldige for perioden; hvad der ikke - ikke engang! - kan anses for genuin sandhed for fyrsten, kan heller ikke med rette tilskrives sandhed for menigmand.

1700-tallets oplysningstid kan til dels forstås som en raffinering og opstramning af renæssancens kulturelle landvindinger. Og dersom denne tidsalders iboende intentionelle bestræbelse kunne opsummeres i ultrakort form, kunne den hedde: *myndiggørelse af det enkelte menneske og hele menneskeheden,* eller som den tyske oplysningsfilosof Immanuel Kant (1724-1804) på tilsvarende måde sammenfattede oplysningens projekt i sit essay *Beantwortung der Frage: Was ist Aufklärung?* ("Besvarelse af spørgsmålet: hvad er oplysning?") fra 1784: "Oplysning er menneskets udgang af dets selvforskyldte umyndighed".

Renæssancen var en såre usikker og forvirret tid, rystet som mennesker og samfund var af det hidtidige verdensbilledes og den traditionelle, middelalderlige livsanskuelses samt den feudale samfundsforms sammenbrud – den traditionsnedbrydende (handels)kapitalisme begyndte således at vinde indpas i renæssancesamfundene. Tvivlsomme, irrationelle teorier og tanker så som alkymisme og tro på hekse florerede. Da man nåede frem til 1700-tallet, var Vesteuropas befolkninger imidlertid kommet sig oven på rystelserne, og især borgerskabet havde vundet i styrke, og selvsikkerhed, og fornuft fik overhånd.

Den form for fornuft, der blev fremmet i denne periode, var præget dels af det enkelte menneskes, ikke mindst økonomiske, velforståede egeninteresse, dels af en teknisk-naturvidenskabelig tænkning og praksis. Verden blev betragtet som helt igennem mulig at forme igennem at forholde sig især i den forstand fornuftigt til den, verden var simpelthen anlagt på at være og at blive fornuftig. Således var tidens ideal om menneskets uafbrudte perfektionering og dens grundlæggende fremskridtsoptimisme indicier på den i virkeligheden metafysiske overbevisning om, at verdens, herunder menneskets, væsen var fornuftigt, og at den i fremtiden kunne indrettes endnu mere fornuftigt.

Den selvstændiggørelse af mennesket, der for alvor var sat ind i renæssancen, fortsatte således i 1700-tallet i den vestlige del af Europa og tog i overvejende grad form af grundlæggelsen og udfoldelsen af *homo oeconomicus*, "det økonomiske menneske", der egoistisk skøttede sine egne interesser, sin overlevelse og livsudfoldelse i et samfund, der primært var anlagt på økonomisk vækst, ikke mindst den økonomiske "elites", samt på naturvidenskabelige og teknologiske forbedringer. Også kunsten var i høj grad viet til denne "sunde", praktiske fornuft; således er den dragt prygl, som løjtnanten tildeler Erasmus i Ludvig Holbergs (1684-1754) komedie *Erasmus Montanus* (1723), møntet på, at Erasmus skal opgive sin skolastiske arrogance og golde disputerelyst til fordel for praktiske gøremål til samfundets, almenvellets nytte.

Denne konception af fornuften indebærer imidlertid nogle problemer.

For det første underbetones det, at individets selvstændiggørelse, hvad der også bliver empirisk konstaterbart, i grunden imod hensigten hos de fleste og mest fremtrædende liberale talsmænd og fortalere bliver til fordel for et mindretal i samfundet, hvor dens iboende formål imidlertid var at være til alle menneskers fordel. Den økonomiske konkurrence førte til omfattende pauperisme, afhængighed af marked og arbejdsgiver samt afhængighed af privat velgørenhed og offentlig forsørgelse. Her hjalp det fedt i realiteternes verden, at en liberalistisk teoretiker som den skotske Adam Smith (1723-1790) i sin *Wealth of Nations* (1776) håbefuldt antog en *"invisible hand"*, en usynlig hånd, der på noget mystisk og uigennemskuelig vis skulle bringe harmoni mellem alle økonomiske egeninteresser. Heller ikke den engelsk-hollandske socialfilosof Bernard Mandevilles (1670-1733) overbevisning om, at "Private lyder (fejl) er offentlige dyder" ("Private vices are public virtues/benefits") i hans *Fable of the Bees* fra 1714 kunne være overbevisende nok som forsikring om, at den gældende samfundsorden var i stand til at sikre passende harmoni mellem alles interesser, og tilfældet var analogt for Voltaires tro på, at medfølelse og sympati fra de mere velbjærgedes side over for de mindre eller slet ikke privilegerede ville være tilstrækkeligt til at sikre eksistensen af en retfærdig og rimelig samfundsorden. *Nogen sammenhæng mellem mennesker i de respektive vesteuropæiske og af vesteuropæisk prægede lande var altså dårligt nok reelt til stede*. Dette fravær gjorde ikke mindst de socialistiske tænkere og bevægelser på forskellig vis opmærksom på i det følgende århundrede.

For det andet var *selvstændiggørelsen af de enkelte mennesker rigtignok i ikke ringe grad en realitet; men den havde samtidig fundet sted som en løsriven sig fra naturen, ikke mindst den ydre, men også den indre.* Menneskets forhold til naturen i 1700-tallet var i hovedsagen et beherskelsesforhold; naturen skulle beherskes, analyseres, gennemskues, systematiseres og kontrolleres med det formål at sikre menneskenes overlevelse, men også for at muliggøre et godt og behageligt liv for alle mennesker eller for almenvellet, som det hed. Men beherskelsesideologien, hvad angår menneskets relation til naturen, går reelt i retning af undertrykkelse af denne, og, når det gælder menneskets forhold til egen indre natur, betyder egen beherskelse af denne netop en tendentiel undertrykkelse igennem overdreven disciplinering af det ved mennesket, der på adækvat vis skulle frigøres og selvstændiggøres, ikke mindst den frie tanke.

For det tredje er oplysningens form for fornuft i høj grad en abstrakt fornuft, der er præget af troen på almene lovmæssigheder - ikke blot på det naturvidenskabelige felt, men også fx på det etiske eller moralfilosofiske, således hos Immanuel Kant, hvis såkaldte kategoriske imperativ lyder: "Handl sådan, at maksimen for din handling kan gøres til almen lov!" - og som ikke har blik for, *overser, negligerer eller fortrænger det, der så at sige "ikke går op i" det fornuftige, altså det i denne forstand negative, dvs. det, der i sig selv "opponerer" imod eller er fundament for artikuleret kritik af oplysningsfornuften.*[ii]

Følelser, fantasi, kunsten som selvstændig ("l'art pour l'art") og nærmest guddommelig og ikke underkastet en samfundsmæssig nyttefunktion, det særegne (fx det nationale vs. det universelle), det individuelle, naturen som skøn og med egenværdi, (organisk) sammenhæng mellem mennesker, det modsigelsesfulde, det paradoksale, det ukendte, det fremmede, det uhyggelige (eller "unheimliche", uhjemlige, som er en passende tysk betegnelse for det uhyggelige) betones omvendt med forskellig vægt i forskellige perioder af 1800-tallet, fx i romantikken og romantismen, som udtryk for implicit eller eksplicit kritik af oplysningstænkningen. Indflydelsesrige livsfilosofiske tanker, som dem man finder hos den tyske tænker Arthur Schopenhauer (1788-1860) i hans værk *Die Welt als Wille und Vorstellung* ("Verden som vilje og forestilling") fra 1819 og hos landsmanden Friedrich Nietzsche (1844-1900) i *Zur Genealogie der Moral* fra 1887 ("Om moralens genealogi") og i adskillige andre af hans værker har en tilsvarende oplysningskritisk tendens. Nævnes i denne forbindelse skal også psykoanalytikeren Sigmund Freuds (1856-1939) begreb *"det ubevidste"*.[iii] Endelig kan man indvende imod oplysningstænkningen, at den forser sig på fremskridtsideen, men overser sådan noget som forfaldstendenser.

### Resumé

Ligesom renæssancen i 15-1600-årene er 1700-tallets oplysningstid karakteriseret af en bestræbelse hen imod individets selvstændiggørelse og frigørelse; oplysningstiden skærper imidlertid denne bestræbelse idet den giver den et fundament i en fornuft, der som et øverste formål har menneskets myndiggørelse, dets frigørelse fra falske autoriteter.

*Oplysningstidens fornuftsbegreb er imidlertid i praksis hovedsageligt abstrakt;* det abstraherer for det første fra de andre mennesker, idet fornuften primært skal tjene den enkeltes behov, også ved hjælp af naturvidenskabelige og teknologiske forskningsresultater og instrumenter. For det andet abstraherer den fra naturen, idet denne gøres til rent objekt, til genstand for beherskelse og udnyttelse. Og for det tredje abstraherer denne fornuftsform fra det, der er "negativt" set i forhold til denne fornuft, det vil sige fra det, som for nemheds skyld her kan sammenfattes som det konkrete, der ikke går op i denne abstrakt-almene fornuft.

Imidlertid er dette abstrakte fornuftsbegreb ude af trit med oplysningens inderste intention, der netop var *alle* menneskelige individers myndiggørelse og ikke deres fremmedhed i relation til hverken medmennesker, sig selv, natur eller det "negative", men derimod deres fortrolighed med omverdenen og sig selv så langt, dette vel at mærke er menneskeligt muligt og ønskværdigt.

Skønt de menneskerettighedserklæringer – således *Den amerikanske uafhængighedserklæring* fra 1976 og *Den franske menneskerettighedserklæring* fra 1789 – der var blevet til i oplysningstiden ikke mindst under indflydelse af den engelske filosof John Lockes (1632-1704) friheds- og rettighedstanker, ikke er ganske entydige, vidner deres utvetydige universalitet immervæk om, at deres dybeste anliggende er alle menneskers mulighed til hver en tid for at stræbe efter et godt liv, hvad der så i grunden må blive alle menneskers gensidige ansvar, så godt man nu formår, at skaffe de bedst mulige betingelser for.

## Modernitet

I løbet af de foregående afsnit er der fremgået og fremstillet nogle centrale og stadig aktuelle problemer ved moderniteten. For det første er der problemet angående jeg'ets overvejende tendens til at fremstå selvcentreret og (ikke mindst teknologisk) omverdensbeherskende. For det andet tendensen til fremmedhed i mellemmenneskelige relationer. For det tredje den dominerende tendens til beherskelse af naturen. Og for det fjerde en tilbøjelighed til "blindhed" i forhold til det negative, til det, der so oder so ikke går op i den beherskende eller instrumentelle fornuft.

I moderne samfund og for moderne mennesker må bearbejdelsen af disse problematikker på forskellige felter - fx det politiske, det sociale, det uddannelsesmæssige, det juridiske, arbejdsmarkedsmæssige, det socialpsykologiske og det seksuelle - i dag og i fremtiden være af overordentlig vigtighed.

Man kan med nogen ret hævde, at sådan bearbejdelse allerede i dette århundrede har fundet sted og stadig endnu i dag finder sted, muligvis ikke mindst under indtryk af og i strikt modsætning til fascistiske og kommunistiske, totalitære regimers rædselspraksis i forrige århundrede. Velfærdssamfund og demokrati kan således med megen føje kaldes bestræbelser i en af de nævnte grunde ønsket retning. Det samme kan sikkert opmærksomheden omkring overudnyttelse af naturen og dens ressourcer. Ikke desto mindre vil enhver ved læsning af den daglige avis eller ved at se eller lytte til radio-, tv- og digitale medier utvivlsomt kunne forvisse sig om, at alt ikke er i den bedste gænge. At stress, angst og depression blandt især unge og endog helt unge i uddannelsessystemets konkurrencekultur er i muligvis foruroligende stigning i tiden, er blot et eksempel.

Det er vigtigt at understrege, at der ikke er nogen bestemt måde at leve sit liv moderne på; det moderne må i høj grad være en "leben und leben lassen", at leve på sin måde og lade andre leve på deres, men vel at mærke i en slags gensidig ansvarlighed og "omsorg" med eller uden en stat eller offentlige myndigheder som melleminstans. Og der er således heller ikke nogen bestemt løsning på de opstillede problematikker; hvordan eksempelvis balancen mellem individets egeninteresse og en andens eller andres interesser skal være, må i høj grad afgøres i det enkelte tilfælde med inddragelse af de relevante individuelle og særlige forhold og med en høj grad af de(n) involveredes selvbestemmelse eller autonomi.

Hvad, der er ret og rimeligt, må imidlertid være et pejlemærke for alle overvejelser inden for alle felter, således det moralske, det juridiske, det videnskabelige, det filosofiske og det kunstneriske. Sindets og tankens tolerance og åbenhed må ikke gå så vidt, at man mister blikket for og bestræbelsen på sandheden, hvor foranderlig den end måtte være historisk eller fra tilfælde til tilfælde, og hvor meget det subjektive perspektiv end kan risikere at få overtaget. Ikke mindst denne bestræbelse på sandhedserkendelse turde adskille det moderne fra det såkaldt postmoderne, som opererede med subjektivt eller intersubjektivt satte betydninger som noget fundamentalt.

At erkende sin fejlbarlighed turde endvidere kaldes moderne. Ligeledes ikke mindst dette at være villig til at stille spørgsmål til egne begrebers forudsætninger - og det gælder *alle* begrebers forudsætninger, fx også videnskabelige og filosofiske - og på den måde udvise beskedenhed i forhold til sin egen fornuft og fornuftens kapacitet i det hele taget samtidig med, at den fortsatte bestræbelse på sandhed uforstyrreligt ikke opgives.[iv] En passant bemærket adskiller dette ikke mindst modernitet fra postmodernitet.

Moderniteten vil ikke uden videre, i det mindste hvad angår selve princippet, modsætte sig det værdikonservative synspunkt, at der findes noget værende, som er uforanderligt; således kan denne verden til hver en tid rigtignok dårligt tænkes uden eksistensen af enkeltting eller individuelle entiteter. Men ikke blot alle ting, også selve tingsbegrebet forandrer sig ikke desto mindre eller må uvægerligt bestemmes som foranderlige. *Det moderne anser altså paradoksalt nok endog det uforanderlige for at være foranderligt.*

Den engelske poet John Keats' (1795-1821) titel på et af sine digte, *A thing of Beauty is a Joy Forever* (1818), der lader sig opfatte som af en konservativ observans, kan moderniteten ligeledes dårligt anerkende nogen evig sandhed i. Kun dersom kunst, være sig ældre eller nyere, stadig siger *noget sandt* om den tilværelse, der leves, vil den utvivlsomt være reelt levedygtig andet end som udlevet og som dokument i historiske arkiver.

# Er det "nødvendigt at være absolut moderne"?

## Det "moderne" fortidige eller arkaiske

Hvis det "absolutte" i Rimbauds sentens betyder en afstandtagen fra eller fornægtelse af alt historisk betragtet gammelt, så kan denne sentens dårligt bekræftes.

Et ekstremt eksempel på en ideologi, der radikalt tager afstand fra fortiden, er futurismen i begyndelsen af 1900-tallet, som hovedsageligt var en retning inden for kunsten. Futurismen dyrkede den frenetiske fart og hastighed, støjen, arbejdet, bilen, flyet, maskinerne, aggressionen, volden, kampen ("Der findes ingen skønhed undtagen i kampen"), oprøret, militarismen, krigen ("verdens eneste hygiejne"), sådan som det er poetisk-polemisk fremstillet i den italienske futuristiske penneførrer Filippo Marinettis (1876-1944) pamflet *Det futuristiske manifest* fra 1909. Marinetti og mange andre af de italienske futurister endte med i mellemkrigstiden at give deres støtte til Mussolini og hans fascistiske parti.

Futuristerne besynger og forherliger muskelkraften i videste forstand - altså også våbnenes og maskinernes "muskelkraft" - styrken, magten og beherskelsen af naturen, af folkets masser, af de især i militær eller forsvarsmæssigt forstand fysisk svage folkeslag i de dengang af Italien erobrede lande Libyen og Etiopien, ja i grunden af alt. Dette har som konsekvens, at alt det, som ikke tjente den umiddelbare undertvingelse af naturen, af staten, samfundet og det enkelte menneske, gjaldt som forældet og dermed forkasteligt. Og som således forældet må regnes, foruden naturligvis tidligere naturviden(skab) og teknologi, al ikke funktionel billedkunst, arkitektur, litteratur, musik, filosofi, gamle skikke og omgangsformer - kort sagt nærmest al fortid, inklusive museer og biblioteker ("Vi vil ødelægge museerne, bibliotekerne, akademier, af alle slags").[v]

Som sagt er futurismen et ekstremt eksempel på det ønskefor ikke at sige krav om beherskelse af omverdenen og, helt fundamentalt, ikke mindst naturen, der altid har ligget mennesker stærkt på sinde, men som altså kunstnerisk og kunstteoretisk i futurismen samt ikke mindst vigtigt politisk i det 20.

århundredes fascisme og kommunisme antog karakter af at være *totalt*. Men som det tidligere i dette essay er beskrevet, har dette ønske allerede rødder i renæssancen og ikke mindst i oplysningstiden, skønt den underliggende humane selvstændigheds- og frigørelsesinteresse i langt højere grad prægede disse epoker. Og ud over de nævnte ideologier har beherskelsesønsket i høj grad præget også de vestlige, demokratiske retssamfund i det 20. og endnu i det 21. århundrede, dog fortrinsvis tøjlet af, hvad man kan kalde disse samfunds humanistiske moment. Et eksempel fra især arkitektur og design kan nævnes, nemlig funktionalismen fra 1920'erne og frem, der, som betegnelsen siger, betoner tingenes funktion, deres "arbejdsevne", dog rigtignok i den klare hensigt at lette og forbedre menneskers tilværelse.

Men hvorfor er nu den fremherskende beherskelse af omverdenen og bestræbelsen herpå, der immervæk har betydet så vældige fordele for umådeligt mange mennesker, ikke at betragte som selve kernen i det moderne? Hvis beherskelsen af og kontrollen med naturen tager overhånd og gøres til det væsentlige ved moderniteten, så slår den om fra det forhold fra første færd at have en frigørende intention til realiter selv at få overtaget over mennesker og samfund. Mennesker må på den måde i realiteten indrette sig efter naturtvangen, der også etablerer sig som samfundets tvang over dets borgere og internaliseres i de enkelte menneskers psyke, og som de en gang ville bevæge sig væk fra og faktisk også historisk bevægede sig væk fra. Naturtvangen installeres da på ny som menneskers hersker; med andre ord retableres dette urgamle "herre/undersåt-forhold" om end i nye former, og den væsentligt arkaiske relation mellem menneske og omverden genopstår da i en "moderne" iklædning. Dette urgamle tvangsforhold satte sig klarest og mest ekstremt igennem i de totalitære samfund i forrige århundrede, og under fascismen dyrkedes da også det gamle romerrige.

Ikke så lidt af det, der præsenterer sig og tidligere har præsenteret sig på den offentlige scene som moderne, er eller slår i virkeligheden om i noget mere eller mindre gammelt og historisk set overstået, der i værste fald turde kaldes barbarisk.

## Det genstandssensitive, historiebevidste, kritiske moderne

De former for videnskab, tænkning, politik, ideologi, produktion, mentalitet mm., der betragter genstanden for deres praksis ud fra en grundopfattelse af, at genstanden er et rent objekt, der skal beherskes, styres, formes eller sættes ind i et på forhånd fastlagt system, har udelukkende øjnene åbne for det pågældende objekts beherskelsesside; det vil sige for de egenskaber, dele eller momenter af genstanden, der gør, at den lader sig kontrollere i den ene eller anden henseende, hvilken subjektet, altså den undersøgende person, på forhånd har sin interesse i og har besluttet sig for.

"Det genuint moderne", som jeg i det følgende blot vil kalde "det moderne", har derimod primært sin opmærksomhed rettet imod, hvad objektet, væsentligt måtte være i den konkrete sammenhæng, det vil sige i sin historicitet og sin altid tids- og rumsligt bestemte form. *Objektet og ikke subjektet har således forrang for dette moderne,* der søger at gå sensitivt frem over for genstanden.

Denne objektets forrang betyder imidlertid ikke, at subjektet, mennesket, får en formindsket betydning; tværtimod betyder det snarere en grundigere begribelse af, hvad mennesket eller menneskene er og kunne være i den givne kontekst, idet subjektet jo også altid selv er objekt, selv kan være genstand for overvejelse og refleksion, herunder subjektets selvrefleksion. Sigmund Freuds sentens: "Wo Es war, soll Ich werden" ("Hvor 'det'et' var, skal 'jeg'et' komme") kan illustrere denne pointe; med henblik på en adækvat forståelse og selvforståelse af samt begreb om jeg'et, er en undersøgelse af det ubevidste påkrævet. Et andet aspekt af svaret på spørgsmålet om subjektets betydning, når objektet tildeles forrang, er, at subjektets handlemuligheder gøres mere kvalificerede via den mere omfattende og grundigere undersøgelse af objektet.

Det er vigtigt her at understrege, at det moderne ikke står i modsætning til det at bruge naturen som ressource eller til det at beskytte sig imod den. Man kan i en fri fortolkning sige med den tyske filosof G.W.F. Hegel (1770-1831), at det moderne "ophæver" det forbrugende eller udnyttende naturforhold i sig. Det skal forstås sådan, at beherskelsen af naturen ikke må installere sig som et højeste formål for menneskers samfund, naturen må derimod hovedsageligt og med en spidsformulering kontrolleres i den hensigt og i det omfang, det findes nødvendigt for at befri mennesker fra angst, forstået som (vildt) overdreven frygt eller anden irrationelt begrundet frygt, som det er muligt at eliminere fra menneskers liv, eventuelt ved også at bortfjerne en konkret årsag, der kunne bestå i repressive samfundsforhold. Angsten anses således af en moderne tænkning, i modsætning til blandt andre den tyske filosof Martin Heidegger (1889-1976), ikke for et "eksistentiale", en uomgængelig grundbetingelse for menneskers liv, men derimod rigtignok for en psykologisk og social realitet endnu i dag.

Hvordan det nøjagtige forhold mellem naturbeherskelse og naturens frisættelse bør være, lader sig imidlertid næppe fastlægge; der vil uden tvivl i langt de fleste tilfælde være tale om et bredt grænsefelt, åbent for velovervejede og/eller gennemdiskuterede individuelle og demokratiske beslutninger. Blot som et enkelt eksempel: hvordan står det, for det første, i denne forbindelse til med legitimiteten i slagtning af dyr til føde for mennesker, og hvilke metoder er det, for det andet, i givet fald legitimt at bruge? På begge spørgsmål synes flere legitime svar, der kan give en vis anledning til uenighed, mulige.

Det moderne er ligeledes bevidst om, at det, der tilsyneladende udelukkende umiddelbart er til her og nu, også har en egen historie, som er en stadig eksisterende del af det. "Jeg'et" er eksempelvis ikke blot identisk med det beherskende subjekt, der lige nu og her har sin udtømte bestemmelse i at stå over for det beherskede objekt, men er derimod altid et jeg, der fylogenetisk igennem historien i ikke ringe grad har gjort sig fri af naturtvangen, og som derfor handler kontraintentionelt, når det igen, altså i den nyere og nyeste historie, de facto underkaster sig denne tvang, sådan som "det moderne arkaiske" har gjort det som en fremtrædende tendens. Historien er således en uafrystelig del af alt, hvad der er til; objektet har altid historien i sig som en integrerende del af sig, og den historiske analyse og begrebsliggørelse af objektet er en del af den grundige undersøgelse af dette. Det moderne stræber således hen imod at være historisk bevidst.

Det moderne har imidlertid ikke til endeligt formål at bestemme objektet og bestemme over det; snarere ønsker det immanent - og altså ikke modsætningsvis udefra, men netop igennem bestemmelsens egne, iboende, fejlbehæftede konsekvenser - at kritisere den uretmæssige bestemmelse, der aktuelt måtte dominere og præge objektet. Således er dette moderne i høj grad samfundskritisk beskaffent og, hvad angår menneskers almindelige livsførelse, rettet mod og bestræbende sig på sådan noget som at lade mennesker leve frit, i fred og uden angst, men aldrig med nogen klippefast garanti for, at det er lykkedes eller vil lykkes. Alle ting, og ikke kun mennesker, ligger det i begrebet om dette moderne at give betingelser for en tilværelse så at sige i overensstemmelse med deres egen ret, der også altid er kontekstafhængig.

### Slutbemærkninger til Rimbauds sentens

Der gives ingen absolut sandhed om det moderne; dette er langt snarere kendetegnet ved tænkning og praksis i bevægelse, end det har sin grund i en nøje bestemt og uforanderlig sandhed. Det absolutte ved det moderne, dersom man altså ønsker at fastholde dette prædikat, skulle da nærmest bestå i sådan tænkning og praksis.

Absolut er det moderne imidlertid heller ikke i den forstand, at det helt ubetinget er afvisende over for alt det, der tilhører hhv. ældre tiders og fremmede kulturer, og som man måtte regne for forældet. Dikotomien mellem moderne på den ene side og arkaisk, antikt eller gammelt på den anden anerkendes ikke af det moderne, idet dette erkender det gamle som en del af eller, i en hegelsk inspireret forstand, som "ophævet" i det moderne. Det moderne vil således i højere grad end det, der i nærværende essay er kaldt "det arkaisk moderne", være forstående over for det gamle, men immervæk på den anden side uden accept af den uret, der so oder so måtte findes i det gamle.

Måske det følgende kan tjene som eksempel på et aspekt af forskellen mellem det "absolut moderne" og det (genuint) moderne.

I sit bidrag til det sociologiske kollektivstudie *Studien über Autorität und Familie* fra 1936 retter den tyske filosof og sociolog Max Horkheimer (1895-1973) opmærksomhed imod, at kvinders indtræden i arbejdslivet eller andet offentligt liv uden for hjemmet ikke uden videre eller entydigt kunne kaldes for et vigtigt led i kvinders emancipation. Studiet ser bl.a. den tids offentlige liv som så at sige faderens domæne og som præget af normer, der skal disciplinere til arbejdslivet og hårde især makroøkonomiske betingelser, mens hjemmet som moderens domæne traditionelt i højere grad var præget af omsorg for børnene og en slags mental og kropslig barriere eller beskyttelse imod det ydre samfunds hårde betingelser. Med kvindernes almene indtræden på arbejdsmarkedet og i det offentlige liv syntes den sidstnævnte dimension af familielivet og dermed barnets relativt trygge tilværelse samt i videre forstand det gode, fremtidige samfundsliv at kunne være i en udsat position.

Det (genuint) moderne påpeger således her værdien af noget gammelt, af en ældre samfundsinstitution, mens et "absolut moderne" standpunkt utvivlsomt ville have svært ved at få øje på noget videre problematisk ved en sådan "nyordning" af samfundslivet. Det genuint moderne, må det understreges, vil imidlertid ikke være ubetinget modstander af kvinders indtræden i arbejdslivet uden for hjemmet, blot gøre opmærksom på, at der er et problem, der burde overvejes indgående.

Rimbauds dictum er en programmatisk og overdrivende, lapidarisk aforisme, og hvorfor det ifølge ham er nødvendigt at være moderne, er vanskeligt at tyde. Men skal det tydes på det modernes forudsætninger, der ikke nødvendigvis er Rimbauds egne, så er det utvivlsomt kun det moderne, der emfatisk har til hensigt at sikre alle mennesker grundlæggende og principielt ukrænkelige rettigheder, også økonomiske, arbejdsmæssige og sociale, og at bestræbe sig på en forsoning af forholdet mellem alle mennesker samt mellem menneske og natur. Dette betyder imidlertid ikke, at verden nødvendigvis bliver bedre, for andre og anderledes beskafne kræfter er også i spil. Og det betyder heller ikke, at det enkelte menneske af divergerende karakter ikke kan leve et godt liv, eller hvad dette menneske nu engang måtte forstå ved et godt liv, uden at kunne kaldes moderne. Eksempelvis et menneske, der lever i en art lykkelig uvidenhed om menneskers og samfunds mere mørke sider, som er ganske harmonisk opdraget, fx af kærlige kvinder, og som ikke kan kaldes moderne, men snarere i bedste forstand for naiv, har ikke som enkeltperson ubetinget behov for at blive moderne. Men et *samfund,* der i dag ikke som fremherskende tendens eller bestræbelse kan karakteriseres som moderne, kan synes at have mere grundlæggende problemer end mere moderne indstillede samfund, uden at disse sidste dog på deres side på nogen måde ville kunne hævde at være problemfri.

## *Litteratur*

Wikipedia *(Det futuristiske manifest)*

# Tro, mening og viden

## Tro som mangelfuld erkendelse, og tro og viden som jævnbyrdige ang. Gudsforholdet

Ikke mindst i vor kulturkreds sættes religiøs tro højere end filosofisk viden, øjensynlig ud fra den betragtning, at Gud ikke kan være genstand for erkendelse og viden, men derimod altovervejende for tro, der derfor tildeles et højere værd. Af den grund kunne Gud tilsyneladende hævdes at give troen, der altså ses som det tilstrækkelige og det bedste givne middel til den religiøse dyrkelse af ham, forrang i forhold til den viden, hvis midler angiveligt historisk har vist sig og også i fremtiden ville vise sig utilstrækkelige til erkendelse - der jo er målet for al viden - af hans eksistens og hans væsen og dermed utilstrækkelige som forudsætning for den religiøse dyrkelse af ham.

Det ejendommelige ved sådan argumentation er imidlertid, at erkendelsens mangel på begreb om sin genstand, hvilken mangel troen reelt altid er udtryk for - dette gælder ikke blot i religiøse, men tillige i videnskabelige og mere hverdagslige anliggender – tildeles en højere rang end den erkendelse, der tilstræber sin overensstemmelse med sandhed.

Tro er altså i virkeligheden et udtryk for en erkendelse og et begreb om en given sag, der er for begrænsede og mangelfulde i forhold til, hvad de skulle og kunne være.

Dette betyder vel at mærke ikke, at tro på Gud er ugyldig; det betyder derimod, at det at sætte tro over viden er en vildfarelse. Det, at det givetvis ikke er muligt med absolut vished at erkende Guds eksistens og væsen, er ikke ensbetydende med, at den *mangelfulde* vished i dette tilfælde og i almindelighed, hvad angår forsøg på erkendelse, befinder sig på et højere niveau end genuin erkendelses vished. Det uafhængige[vi] forsøg på at få viden i højere grad end tro angående Gud må således anses for helt legitimt.

Uden den hensigt at geråde ud i en teoretisk afhandling om Guds eksistens og væsen, kan det på den anden side hævdes, at den erkendende, begribende indsigt i Guds *ubegrænsethed* umuliggør menneskers fuldstændige forståelse og begribelse af ham.

Denne tanke er fx kondenseret i begrebet *docta ignorantia (lærd uvidenhed).*[vii] Dette betyder i sin konsekvens paradoksalt nok også, at en helt igennem naiv tro på Gud uden nogen videre udarbejdet intellektuel indsigt er helt antagelig; således kan en persons tro 'begrundes' i denne persons store tillid eller kærlighed til et andet og troende menneske, fx en forælder eller eller bedsteforælder. Dette være bemærket for at påpege foreneligheden af (eventuelt intuitiv eller naiv) tro på Gud og intellektuel indsigt i (u)videnheden om ham; troens betydning elimineres således ikke nødvendigvis af viden her, lige så lidt som viden om Gud ikke derangeres af troen på ham. Men troen kan dog hente en mulig begrundelse for sig selv i en lærd uvidenhed, mens det omvendte ikke i væsentlig grad er tilfældet, omend erfaringer af eksempelvis afmagt i forhold til døden eller til andet, der har ført til en tro, kan være et begyndelsespunkt for bestræbelsen på erkendelse.[viii]

## Mening som den enkeltes "ejendom"

Tro – eller, hvad der på det nærmeste er

synonymt hermed, mening – i sager, i hvilke genstanden har et materielt eller tankemæssigt omfang eller den ene eller den anden form for afgrænsning, om så også denne er nok så foranderlig eller flydende, er ikke vidensmæssigt tilstrækkelig. Dette befinder sig i en vis modsætning til den religiøse tro. Eller med andre ord er tro i forhold til genstande i den sekulære, jordiske verden ikke nok. Sådan tro eller mening har status som erkendelse, der ikke har eller omfatter sin genstand.

Dog kan troen, det skal jo ikke overses, i jordiske anliggender være nyttig eller ligefrem nødvendig og da heller ikke ufornuftig eller uden et vist objektivt belæg; hvis et tordenvejr bryder løs, er det klogt at søge beskyttelse for lynnedslag også blot baseret på den tro, at det kan forårsage ulykke og død, uden at man har noget grundigt eller ligefrem videnskabeligt belæg for, at det også lige nu kan forholde sig sådan, men blot baserer denne antagelse på tidligere erfaring. Faktisk er alle mennesker uden undtagelse henvist til i utallige tilfælde at have en ikke synderligt vidensbaseret tro på, at ting og forhold vil arte sig på en bestemt måde.

*Det, der viser sig som problematisk ved troen eller den blotte mening, er imidlertid den samfundsmæssige og individuelle relative overvurdering af den i dag.* Mening har aktuelt overtag i forhold til bestræbelsen på den erkendelse, der er intenderet udogmatisk, men som på den anden side ikke vil give afkald på sin stræben efter sandhed. Selv de typer af i dag ganske fremtrædende social- og humanvidenskaber, hvis teoretiske grundlag er en form for (social)konstruktivisme, bygger de facto på meningen som konstituerende for enkeltindivider og samfund, idet samfund og enkeltidentiteter anses for slet og ret subjektivt eller intersubjektivt konstruerede og uden noget betydeligt fundament i en real virkelighed.

Vendingen: "Det er nu engang *min* mening" er sigende; den betegner den enkelte persons mening som dennes ejendom. Den er derfor urørlig og grundlæggende immun over for kritik skønt udskiftelig, og skønt den samfundsmæssigt almene accept af den enkeltes mening rigtignok medfører en gensidig tolerance over for meningen, en tolerance, der dog er præget af erkendelsesmæssig ligegyldighed i forhold til andres mening, en ligegyldighed, der ligger implicit i udsagnet: "Jeg har min mening, og du har din".

Meningen som ejendom er både den enkeltes panser imod omverdenen og dertil vedkommendes fuldt ud gyldige "kapital", dennes verbale "spillemønt" på det politiske og andre meningsmarkeder eller -valpladser. Meningen er for den pågældende person et middel til at klare sig i et samfund og en omverden, hvor den enkelte i høj grad er henvist til at klare sig selv på et socialt fundament af konkurrencekamp. Det kan sikkert hævdes, at jo mere den enkelte er overladt til at klare sig selv i den almene konkurrencekamp i samfundet, desto højere status kan meningen få for det enkelte menneske og for samfundet som helhed set i forhold til bestræbelsen på genuin erkendelse i en fælles menneskelig, principielt universel interesse.

Den samfundsmæssigt almene opvurdering af meningen drager desuden fordel af, at der ved al erkendelse til hver en tid findes et usikkert moment. Dette moment kan den menende altid henvise til og på den baggrund postulere al erkendelses usikkerhed, dens i virkeligheden grundlæggende meningskarakter, og sin menings egen ligeværdighed med alle andres "meninger", uanset altså hvor erkendelsesmæssigt velunderbyggede disse måtte være.

## Viden er det åbne og foranderlige, men ikke vilkårlige begreb om sagen

Et centralt argument imod muligheden for sand erkendelse er, at alle ideer, teorier, analyser, vurderinger og holdninger har deres faste, quasi-aksiomatiske, realiter indisputable forudsætninger. Denne antagelse har tydelige mindelser om den tyske tænker Arthur Schopenhauers (1788-1860) for sin filosofi fundamentale anskuelse, at verdens væsen er*"Wille und Vorstellung"*, "vilje og forestilling". Ifølge Schopenhauer bestemmes menneskers grundlæggende, men individuelt forskellige ideer af deres af selvopholdelsesdrift styrede livsvilje og er derfor immune over for tankens selvbearbejdelse af sin idé, immune over for selvrefleksion og selvkritik. Det lader sig således i henhold til denne opfattelse ikke gøre at komme ud over, hvad der kan kaldes den rene *ideologi,* der altid vil være kainsmærket som "biased" og uden reel mulighed for sandhedserkendelse.

Modsat anså franskmanden René Descartes (1596-1650) i høj grad sand erkendelse som ikke blot mulig, men ovenikøbet som tænkningens formål. Og den erkendte indsigt i en sag kunne og skulle være ikke blot "sand" i en historisk temporær eller en tendentiel forstand ud over rimelig tvivl, men ligefrem selvindlysende, *evident*, sådan som Descartes mente, at udsagnet "Cogito, ergo sum" ("Jeg tænker, altså er jeg til") var det. Men det påståect selvindlysende er imidlertid sjældent objektivt selvindlysende for alle mennesker. Således måtte allerede Descartes selv alliere sig med sin katolske Gud og så at sige sikre sig dennes forsikring om, at Gud ikke slet og ret narrede det erkendende "jeg" til at antage, at det forholdt sig sådan, som jeg'et påstod i Descartes' ovenfor anførte dictum. Bortset fra det, er det utvivlsomt fornuftigt at antage, at, når "jeg" nu ved, at "jeg" tænker, så må "jeg" også eksistere. Men spørgsmålene om, hvad et jeg er og hvad det vil sige at eksistere, vil da stadig stå tilbage, og disse spørgsmål diskuteres da også flittigt endnu i dag. Hvis Descartes' sætning således fx også betyder, at jeg'ets (menneskets) eksistens er identisk med tænkning, så er sætningen ikke længere selvindlysende, men yderst problematisk.

Descartes' såkaldte filosofiske rationalisme blev af kritikere, fx den skotske empiristiske filosof David Hume (1711-76), anset for dogmatisk, og dens tese om, at det er muligt ad tænkningens veje at finde frem til ubetvivlelige begreber og grundsætninger, der fra et sådant begyndelsespunkt kan udgøre grundlaget for hele og alment gyldige, rationelle systemer, er af eftertiden blevet forkastet. Descartes' tænkning stemte dog utvivlsomt ganske godt overens med tidens absolutistiske enevælde i Europa, men må på den anden side godskrives sin betoning af "jeg'ets" *tænkning*.

Tænkning er således idé- og kulturhistorisk bragt i miskredit for vilkårlighed som det ene ekstrem og for dogmatisme som det andet ekstrem, hvilket har ført til *erkendelsesmæssig og erkendelsesteoretisk skepsis og subjektivisme,* der aktuelt dårligt kan siges at være blevet mindre end i tidligere historiske epoker, tværtimod.

Der er imidlertid ikke noget, der betinger, at genuin tænkning ikke kan se sin egen begrænsning, fx i retning af, at empiriske undersøgelser må til, idet ren, deduktiv tænkning ikke er tilstrækkelig. Tænkningen eller begrebet er i stand til at tænke imod sig selv, begrebet kan korrigere eller revidere sig selv efter ændrede, ydre omstændigheder. Tænkningen kan uden principielle problemer kritisere de forudsætninger og teser, den går til en given sag med. Dette har to centrale konsekvenser: dels at en tænkning, der er konciperet som emfatisk, ikke er dogmatisk, men selvkritisk, og dels at denne tænkning insisterer på intentionen om altid *at bevæge sig* hen imod det mere sande begreb om en given ting eller sag. Genuin tænkning erkender altså, at den kan tage fejl eller kan operere med historisk forældede forudsætninger, men den insisterer på den anden side på sin mulighed for og ret til at komme genuin viden, den konkrete sandhed nærmere gennem kritik af sin undersøgelsesgenstand og sin kritik af sit eget begreb om sagen.

Nogen sidste begrundelse for tænkningens relevans for erkendelse gives ikke; tænkningen må i hvert enkelt, konkret tilfælde selvkritisk være parat til at argumentere for sin relevans og sin sandhedsgehalt.

## *Litteratur*

lex.dk

Politikens filosofileksikon (1983), red.: Poul Lübcke, Kbh.

# Logikken og naturlovene har nyttekarakter

## Modsigelsesprincippet

Det såkaldte og for logikken helt centrale modsigelsesprincip fremstilles på denne måde i en filosofisk ordbog: *"**Modsigelsesprincippet, modsigelsens grundsætning** eller **kontradiktionsprincippet** er betegnelser for det grundlæggende logiske princip, at det samme ikke både kan tilkomme og ikke tilkomme det samme under samme synspunkt. 'Modsigelsesprincippet: Ingen utvetydig dom kan på én gang være sand og falsk; man kan ikke både bekræfte og benægte det samme' (J. Jørgensen)".*[ix]

Et kardinalspørgsmål til dette princip er imidlertid, om det er af en rent logisk karakter, eller der er tale om et princip, der snarere er blevet til ud af menneskers erfaringer fra de første tider som en fornuftig regel for menneskers overlevelse i usikre eller ligefrem farefulde omgivelser, det være sig naturlige eller sociale. Tilhører "modsigelsesprincippet" altså en ren, ahistorisk, eviggyldig logisk sfære, eller har det snarere en historisk oprindelse som en praktisk foranstaltning, der skal tjene menneskers overlevelse?

### Entydige domme som overlevelsesbetingelse for menneskeslægten

Modsigelsesprincippet, som også kan kaldes enten-eller-princippet, skal sikre entydige domme. Det har til hensigt at fastslå noget med syvtommersøm som ubetvivlelig kendsgerning. Sådanne domme har fra tidernes morgen været anset for nødvendige for menneskers overlevelse. Når mennesker stod konfronteret med fx en hugorm, var dommen "farligt" om dyret en sikkerhedsforanstaltning, der ansås for nødvendig, og enhver tvivl om denne farlighed måtte klart skubbes i baggrunden som værende af sekundær betydning eller måtte helt elimineres. Det var således på det allernærmeste absolut utilrådeligt at undersøge i det enkelte tilfælde, om hugormen nu også ville hugge og udspy gift, dersom man kom dyret nær, eller om det måske var mere bange for dette menneske end omvendt. Den generaliserede, forudfattede dom var givetvis i utallige tilfælde et overlevelsesvilkår for mennesker og er det rimeligvis endnu i dag.

Søren Kierkegaards (1813-55) bog *Enten - Eller* (1843), i hvilken modsigelsesprincippet de facto er adopteret og aktivt, bevidner også modsigelsesprincippets væsentlige karakter af overlevelsesmiddel og princippets konsekvente forståelse af menneskets eksistentielle, fundamentale og nødvendige valg som et valg mellem *enten* livet *eller* døden. Ifølge Kierkegaard drejer det sig om enten selve livet i form af valget af den etiske, uselviske tilværelse med kone, børn og fast arbejde eller døden og den ene eller anden slags fortabelse igennem "valget" - der egentlig er en viljeløs følgen efter sine umiddelbare, sanse- og sanselighedsbestemte impulser og ikke noget egentligt og bevidst valg - af en udsvævende, i grunden selv- eller driftsbekræftende, "æstetisk" livsform, der, foruden at være alment risikabel, er uden mål i tilværelsen og altså viser sig formålsløs og på kurs mod døden.

Tilsvarende er retsvæsenets dom juridisk funderet på eller er muligvis endda omvendt mønster for modsigelsessætningen historisk-genetisk set. Rettens dom skal nødvendigvis være entydig: den skal hedde "skyldig" eller "ikke skyldig", en tredje mulighed er udelukket, "tertium non datur" ("et tredje gives ikke"), som det hedder på latin. Et samfund kan ikke tolerere, at en person, der muligvis har myrdet, færdes frit blandt sine medborgere, fordi vedkommende ville være fundet "måske skyldig". Og den dømte kunne eller skulle tilsvarende ikke leve med den mistanke hængende ved sig. Men hverken et samfund eller vedkommende dømte person selv ville ejheller kunne leve med, at den dømte blev buret inde som "måske skyldig"; skete det derimod alligevel, ville det ligne justitsmord.

Ikke desto mindre afspejles, i det mindste i vores del af verden, menneskehedens inderste tvivl om selv det mest bestialsk handlende menneskes entydige skyld i juridisk henseende i blandt andet filosofi og religion. Ikke mindst i kristendommen, ifølge hvilken Jesus Kristus påtog sig menneskenes skyld og derved de facto gjorde menneskene skyldfri, så at sige "sub specie aeternitatis", "under evighedens synsvinkel", som det hedder med en formulering af den hollandske filosof Baruch de Spinoza (1632-77). Denne reelle tvetydighed eller dobbelthed afspejles også til en vis grad i retsvæsenet og retsplejen; således når straffene, som det turde være alment anerkendt, skal være humane og fremme resocialisering, og når der tages hensyn til den dømtes familiemæssige og sociale baggrund og andre eventuelt formildende omstændigheder i forbindelse med et lovbrud. Der findes altså også bag den entydige dom, "skyldig eller ikke skyldig", en bevidst eller ubevidst og i realiteterne funderet tvivl, en tvetydighed angående den dømtes skyldighed, som ikke bare kan bagatelliseres og tilbagevises med den begrundelse, at fratagelsen af skyld ensidigt hører en helt anden, juridisk irrelevant, religiøs eller hinsidig sfære til og ikke den jordiske. Det skyldig dømte menneske er måske dybest set langt snarere i en eller anden, også sekulær og jordisk, dennesidig, forstand uskyldigt, hvad retsvæsenets, set i det lange historiske perspektiv, stadig mildere domme på sæt og vis vidner om. Det har dog ikke som konsekvens, at den jordiske, juridiske skyld kan fratages en person, som måtte have brudt loven.

Ikke blot i kristendommen afspejles imidlertid tvetydigheden eller dobbeltheden i skyldbegrebet. Det gør den også i 1800-talsromantikkens tanke om det fundamentalt set gode menneske, der vildledes af verdens forskellige faldgruber, men som selv i sin faktiske skyld dog grundlæggende er uskyldigt. Ligeledes peger oplysningstidens tanke om menneskets perfektionering i samme retning; mennesket bestræber sig her på at blive så "perfekt" som muligt, men får fylogenetisk set først efterhånden i historiens løb tilstrækkelige forudsætninger, fx viden, for i højere grad at kunne tænke og handle ret. Skylden kan således her undskyldes med, at mennesket inderst inde vil det bedst mulige, men helt overordnet kun dårligt har historisk mulighed for det, skønt mulighederne herfor efterhånden forøges.

Mennesker kan således på samme tid være eller er snarere altid skyldige og uskyldige eller fri for skyld; disse domme lader sig, i det mindste filosofisk betragtet, ikke skille analytisk ad. Der vil kunne findes undskyldning for den dømtes handling i hele dens omfang og dybde, hvilket ikke befrier den dømte for at have handlet ulovligt og for muligvis frihedsberøvet at måtte afsone sin dom. Dette ved utvivlsomt enhver forsvarsadvokat. Og skyld - helt bortset fra skyld i lovens forstand - er et menneskeligt livsvilkår; hvem er således så fri for skyld, at vedkommende med rette kan kaste den første sten mod en anden?

Min mor sagde ofte, at ingen skulle spærres inde for sin forbrydelse, ingen skulle sættes i fængsel, skønt hun ikke frikendte nogen for deres faktiske forbrydelse. Synspunktets iboende kerne er her, at ingen er så skyldig, at vedkommendes ugerning burde straffes med frihedsberøvelse. Eller synspunktet sat på spidsen: den skyldige er dybest set uskyldig eller må altovervejende regnes for lige så uskyldig som de, der ikke har begået nogen forbrydelse i lovens forstand. Eller sagens kerne igen anderledes formuleret: barmhjertigheden, nåden eller medfølelsen udsiger eller betegner denne dybere sandhed, når den juridisk dømtes sag skal vurderes; den skyldige er dybest set uskyldig, uden at skylden for den lovbrydende handling, som vedkommende jo altså vitterligt har begået, kan tages fra delinkventen. Straffen eller afsoningen må således i loven primært bestemmes af medfølelse.

Det danske retssystem røber endvidere selv den skyldiges uskyld, idet barnet betragtes som uskyldigt og ikke hjemfalden til straf, indtil det fylder 15 år, uanset om det helt bevidst gør sig skyldig i en lovovertrædelse. Det er vanskeligt at indse, hvorfor denne oprindelige uskyld, der jo i øvrigt også var stamforældrene Adam og Evas i Paradis, ikke også skulle kunne gælde som essentiel eller som en realistisk utopisk eller, hvis man vil, eskatologisk målestok for den 18-, 25-, 30-, 40- og 70-årige person.

Ethvert menneske er uden egen skyld kommet til verden - eller kommet til verden uden skyld - og der er desuden ingen grund til at antage, at noget menneske stræber efter et dårligt liv, hverken for sig selv eller andre. Men forskellige, mere eller mindre alvorlige - interne i det enkelte menneske samt eksterne i natur og samfund - og sommetider kriminaliserende faktorer hindrer meget ofte mennesker i realiseringen af et godt liv. Dette fritager ikke mennesket for ansvar for sin ugerning, for det kan jo i reglen undlade at begå den. Ikke desto mindre er det enkelte menneske uskyldigt i sin grundlæggende situation som født ind i verden, i hvilken situation skylden immervæk primært er *et udefra givet livsvilkår* for alle mennesker. Mennesket - og ikke kun den kriminelle - er således uskyldigt i sin skyld, og skyldigt i sin uskyld.

Den entydige juridiske dom, "skyldig eller ikke skyldig", der følger modsigelsesprincippet, synes således klart at være af en praktisk nødvendig og ikke primært logisk nødvendig karakter, og det samme gælder for indespærringen af dømte. Men for en dybere, filosofisk erkendelse er den skyldige essentielt set snarere og samtidig uskyldig.

### Modsigelsesprincippet er praktisk nyttigt, men "metafysisk" futilt

Modsigelsesprincippet viser sig også aktuelt nyttigt og af stor praktisk betydning i utallige tilfælde, videnskabelige såvel som hverdagsagtige. Enten gælder tyngdeloven, eller også gør den ikke, og enten får jeg kogt mit vand ved 100 grader, eller også gør jeg ikke. Og det er godt at vide i begge tilfælde og talrige andre, hvordan sagerne faktisk forholder sig, netop ved hjælp af modsigelsesprincippet og ikke være i tvivl. Aristoteles (384-322 fvt.) hævdede princippet i sit skrift *Metafysik* – skønt det helt givet har været bevidst eller ubevidst, eksplicit eller uudtalt anvendt fra tidernes morgen af mennesker alle steder – og på trods af, at Aristoteles' autoritet på mange felter blev anfægtet i senmiddelalderen og af den ny tids naturvidenskab fra 1600-tallet og frem, anses modsigelsesprincippet for gyldigt endnu den dag i dag.

Og som sagt kan princippet dårligt nægtes sin praktiske gyldighed og nytte. Men går vi til det filosofiske eller, om man vil, det metafysiske niveau, fremgår det dog allerede hos Aristoteles selv, at de essentielle bestemmelser *form* og *stof* ikke lader sig grundlæggende begribe som hver især entydige begreber og uafhængigt af hinanden; materie, stof, lader sig ikke tænke uden form, der kan simpelthen ikke forstås eller erkendes noget ved materie uden form. Forsøges det imidlertid alligevel, så vil det mislykkes; materien vil da intentionelt eller ikke intentionelt altid vise sig i en mere eller mindre bestemt form, for ikke at sige i form af en bestemt form, thi enhver bestemmelse, enhver erkendelse er eller har en form. Tilsvarende er form uden stof eller materie ubegribelig; en form, der ikke er form noget, er ingen form. Selv en cirkel er en form for noget, nemlig for det, der er inden i cirklen og for så vidt også for det, der befinder sig uden om den helt uanset af hvilken beskaffenhed, dette måtte være. Hvad er således form, og hvad er stof ved den kaffekop, som står ved siden af mig? Dens lysegrønne farve er en bestemt form ved koppen, som denne blandt andet lader sig identificere ved, men den er helt samtidig stoflig, bundet til et materiale.

At adskille form og stof lader sig således grundlæggende ikke gøre, heller ikke ifølge Aristoteles.

Det materielle ved tingene er samtidig af formmæssig karakter og omvendt, men uden at form og stof er identiske. Formen er altid det materielles iboende form, er form ved det materielle, og det materielle har på den måde forrang for formen.

Pottemagerens skelnen mellem krukkens form og stof er ganske bestemt praktisk gyldig og kan på ingen måde klandres. Skiller man imidlertid, ikke mindst ved hjælp af kontradiktionssætningen, form og stof *metafysisk* ad og gør formen selvstændig eller hypostaserer denne i forhold til stoffet, så er der frembragt en basis for at bestemme stoffet udefra igennem en for stoffet mere eller mindre uvedkommende form. Sådan bestemmelse udefra, altså bestemmelse af stoffet ved noget, en overordnet form eller idé, uden for det individuelle stof, er foregået og foregår i utallige tilfælde i gennem historien. I middelalderen fx finder man den bestemmelse af bønderne, at de var født til og udelukkende kunne blive bønder, af smedene, at de var født til og kun kunne blive smede, af adelsbarnet, at det var født til og udelukkende kunne blive adelig, og af præstens søn, at han var født til og bare kunne blive præst osv. Den forud eller apriori givne form bestemmer her "stoffet", menneskene, relativt uafhængigt af disses individuelle og reelle beskaffenhed og iboende potentiale.

## Den tilstrækkelige grunds princip

*"**Den tilstrækkelige grunds princip**, det princip, at der altid er en grund eller årsag til, at noget eksisterer, indtræffer eller er sandt, af G.W. Leibniz (1646-1716) opstillet ved siden af modsigelsesprincippet som hovedprincip for al gyldig tænkning".*[x]

Dette princip forudsætter en identitet imellem grunden/årsagen og det indtrufne. I udsagnet: "Parret blev skilt, fordi manden var utro", hævdes der således en hel eller delvis identitet mellem utroskaben og det ikke at blive sammen, altså skilsmissen.

Denne påståede identitet er imidlertid i lighed med modsigelsessætningens indhold udelukkende af en karakter, der stammer fra og hører til menneskers og samfunds praktiske, rent nytterelaterede forholden sig. Juridisk kan utroskab, forstået som brud på en kontrakt, i nogle samfund set i den optik være en tilstrækkelig grund til skilsmisse med bl.a. økonomiske konsekvenser for parterne. Og psykologisk kan utroskab være en tilstrækkelig forklaring på et ønske fra den forurettede om skilsmisse. "Pædagogisk", dvs. af hensyn til fremtidig omsorg for, pleje og opdragelse af parrets børn, kan utroskab også gælde som tilstrækkelig grund til at ønske skilsmisse.

Men for den enkeltes hverdagsliv, for den enkeltes livskvalitet eller for samfundets fungibilitet meget forståelige, ja endog yderst forståelige, grunde er imidlertid ikke det samme som tilstrækkelige grunde. *Og nogen metafysisk/"metafysisk" set tilstrækkelig grund gives ikke.* Den forurettede kan således i enhver situation og til hver en tid sige nej til skilsmisse, for der *er ingen identitet hverken hel eller partiel* imellem utroskab og skilsmisse. Desuden er utroskab i sig selv ingen ganske entydig størrelse; den kan blandt meget andet være en "positiv" anledning til, at parret får øjnene op for, at forholdet må tages op til revision.

Tilstrækkelige grunde hører altså den praktiske, det være sig den dagligdags eller den videnskabelige, sfære til.

*Filosofisk og for såvidt også kunstnerisk-æstetisk betragtet er verden imidlertid for flertydig og modsætningsrig til at kunne føres tilbage til tilstrækkelige grunde* - omend der rigtignok på den anden side kan anføres gode og meget plausible grunde for vel langt de fleste hvis ikke alle handlinger og begivenheder i den praktiske og, om man så må sige, mere øjeblikkeligt overlevelsesrettede hverdag.

## Naturloven

Begrebet *naturlov* defineres på denne måde i *Den Danske Ordbogs* netversion:

*"1. Lov, der beskriver de fysiske kræfter i naturen og sammenhængen mellem dem fx tyngdeloven"* samt

*"1a. OVERFØRT: ufravigelig regel eller lovmæssighed, der synes at virke uafhængigt af menneskets indgriben".*

Naturloven forstås altså i princippet som en almen eller universel lov, der har gyldighed for alle mennesker alle steder i verden til alle tider, og det uanset om den faktisk erkendes af alle mennesker eller ej. Dette har dog ikke som en nødvendig konsekvens, at videnskab og videnskabsteori ikke kan anerkende, at ny forskning kan ændre på erkendelse af og viden om naturlove. Derimod gælder det som ufravigelig lov, at naturlovene som sådanne eller i sig er uforanderlige; det vil altså sige, at det udelukkende er vores erkendelse af dem, det anses for muligt at ændre. (Erkendelsen af) en naturlov gælder således ifølge den østrigsk-engelske videnskabsfilosof Karl R. Popper (1902-94) som en lov, hvis gyldighed må anses for sandsynlig, men som på den anden side endnu ikke er falsificeret, hvad den i princippet kan blive engang i fremtiden igennem nye, dristige forsøg på falsifikation af den pågældende lov. For Popper kan en naturlov altså aldrig endeligt verificeres, men kun anses for endnu ikke falsificeret.

## "Opposition" mod naturloven ikke mindst, men ikke kun, i kunsten

Disse såkaldte love overtrædes imidlertid uafladeligt på forskellige felter. Kunsten anerkender således ikke uden videre naturlovene; her kan fx vand løbe opad, og en motorvej kan placeres i luften med vejbanen vendt nedad. I eventyret forvandles frøen med et kys til en prins. Tegnefilmen ligner nærmest et konsekvent brud med naturlovene. Den kristne religion for sin del regner med mirakler, med vand, der forvandles til vin, og med døde, der vækkes til live.

Og 1800-tallets romantiske, kunstneriske bevægelses store fortjeneste var ikke mindst at rehabilitere drøm, følelser, fantasi og sammenhæng i udtalt opposition til en fad, bleg, snusfornuftig, reduktiv, analytisk-opsplittende, fragmentarisk, liberalistisk præget fornuft. Den engelske poet William Wordsworths (1770-1850) eminente digt *"We are seven"* (1798) træffer denne modsætning præcist; den voksne, "fornuftige" gentleman vil overbevise den lille pige i digtet om, at hun og hendes søskende kun er fem i alt, da to af de oprindeligt syv søskende er døde. Pigen anerkender imidlertid ikke dette naturvidenskabelige, øjensynligt empirisk iagttagelige, absolutte skel mellem liv og død, ejheller adskillelsen og opdelingen eller atomiseringen af menneskers fællesskab i enkeltindivider; de andre mennesker, og ikke mindst de nærmeste og kæreste, er, uanset om de lever eller er døde, altid sammen med os og tæt på os; selv ikke videnskaben eller en de facto videnskabelig ræson - her allegorisk fremstillet i form af den voksne mand - kan skille mennesker ad, ifølge pigens tale. Efter at hun har fortalt den videnskabeligt-pædagogisk sindede gentleman, at de to søskende er døde, besvarer hun i næstsidste strofe hans docerende og bedrevidende spørgsmål om, hvor mange de så var, med disse ord: "*O master! we are seven.*" Følgende ordveksling i sidste strofe følger derpå, begyndende med den ivrende og nu måske lettere irriterede, noble herres replik og afsluttet med pigens urokkelige svar:

*"But they are dead; those two are dead!*
*Their spirits are in heaven!"*
*'Twas throwing words away; for still*
*The little maid would have her will,*
*And said, "Nay, we are seven!"* [xi]

*("Men de er døde, de to er døde!*
*Deres sjæle er i himlen!"*
*Det var at tale for døve øren; for stadigvæk*
*den lille pige ville have sin vilje*
*og sagde: "Nej, vi er syv!")*

Den fornuftige mand er imidlertid helt ude af stand til at begribe pigens tanker og følelser: at de to søskende på samme tid er både levende og døde. De var helt hos hende og alligevel komplet fraværende. Men manden på sin side hævder ubetinget naturlovens gyldighed, der er i overensstemmelse med fakta, med de iagttagelige kendsgerninger og med al sund fornuft: at de døde er døde og ikke levende og omvendt, at de levende er levende og ikke døde.

For den praktiske, jordbundne betragtning ville det da også være noget nær forrykt at antage den lille piges tankegang. De døde lader sig jo ikke med fornuften i behold korporligt placere i de levendes huse som om, de var levende. Et absolut skel synes altså at nødvendiggøres af pragmatiske årsager, og de døde må af nødvendighed fysisk, videnskabeligt og i hverdagsbevidstheden adskilles fra de levende af ikke mindst hygiejniske, men også af lægefaglige, politi- og juridisk retsmæssige grunde. Men det er vel at mærke udelukkende praktiske hensyn og nyttebetragtninger, der gør den absolutte adskillelse nødvendig; den naturlov eller quasi-naturlov, at de døde er døde og ikke levende et vice versa, er således affødt af en praktisk-fornuftig nødvendighed, men ikke af verdens og tilværelsens mere grundlæggende eller "metafysiske" beskaffenhed.

*Tesen her er således, at naturloven har fået historisk succes i hvert fald siden 1600-tallet som nyttigt redskab i menneskers bestræbelser på at overleve, og den har på den måde en væsentligt instrumentel, men ikke æstetisk eller filosofisk-erkendende karakter.*

Den determinisme, entydighed, ensidighed og almengyldighed, der findes inhærent i naturloven, modsiges som påvist de facto ikke mindst af kunsten og kunstens publikum, af skønlitteraturens læsere, musikkens lyttere og kunstmuseets gæster med flere. Kunsten må ganske vist i sin teknik og hele frembringelse ideelt set være på højde med, dvs. kende til, naturvidenskabens nyeste indsigter; men denne videnskabs såkaldte love ville, dersom de regnedes for tankemæssigt uoverskridelige og ikke kun for det, de er, nemlig nyttige redskaber, være en spændetrøje for kunsten og, mere bredt og mere alvorligt, for alle menneskers livs- og verdensforståelse, for deres fantasi og for deres drømme og tanker om et godt eller bedre liv. Med den tyske filosof Immanuel Kant (1724-1804) kan det hævdes, at menneskehedens eksistentielle og historiske bestræbelse peger i retning af at frigøre sig fra naturens "nødvendighedens rige", i hvilket den determinerende kausallov hersker, for at bevæge sig hen imod et "frihedens rige", hvor mennesker på genuint fornuftig vis ville sætte formålene.

### Naturloven er uden egne bremser og afhængig af formål uden for sig selv

Det ligger iboende i naturloven, at den i sin egenskab af *lov* vil bestemme, hvad der gælder som gyldig natur og ikke mindst, hvad der gælder som naturens grænser. For så vidt fx atombomben er bestemt af naturlove for kernespaltning og andre fysiske love, er den altså naturvidenskabeligt legitimeret; der findes ikke noget *internt i disse love,* der sætter et stop for atombomben og dens anvendelse. Definitionen på naturens entiteter begrænses følgelig til det og de egenskaber ved tingene, som naturlovene lader sig anvende på.

Som postulerede natur*love,* der lovgiver for naturen, hævder disse imidlertid en grænseløshed, deres ubegrænsede gyldighed for naturen i sin helhed, som de reelt ikke besidder. Menneskenes frygt for og nej til atomvåben og disses anvendelse, nej til disse våbens naturvidenskabelige "lovhjemmel" til at destruere menneskenes og i det hele taget jordens liv og mulighed herfor, medmindre eventuelt streng livsnødvendighed ulykkeligvis skulle tale for det, har også hjemme i den selvsamme natur, ovenikøbet med forrang frem for de naturvidenskabelige love.

Naturlovenes berettigelse er imidlertid at være midler til menneskenes nyttige indsigt i nogle helt centrale sammenhænge og til menneskenes beherskelse af disse i deres overlevelses interesse. Naturlovene som sådanne leverer blot en meget begrænset del af erkendelsen af og for menneskeligt liv og er ligefrem henvist til at være sekundære og underlagt erkendelsen af og respekten for det individuelle og konkrete ved mennesker samt ved andre levende entiteter og uorganiske ting. Naturlovenes legitimitet og rette anvendelse må således ses inden for en bl.a. historisk variabel filosofisk ramme, der har at gøre med menneskers og menneskelige samfunds variable "væsen" og forhold. I Danmark kan relevansen af denne relation mellem naturlove og filosofi eller, mere alment formuleret, mellem naturlove og menneskers egne, men ikke vilkårlige, formål på sæt og vis siges de facto at blive afspejlet af bl.a. eksistensen af etiske og videnskabsetiske råd.

Det naturvidenskabelige naturlovsbegrebs grænser, som ingen naturlov i sig selv er i stand til at sætte af den simple årsag, at det aldrig har været og heller ikke er naturlovens opdrag at sætte disse grænser, da de netop er afhængige af i princippet mere genuine formål, sættes således ideelt set der, hvor menneskers og andets genuine formål bestemmes, nemlig teoretisk i filosofi og, mere konkret, i politik og jura.

## *Litteratur*


Hanneborg, Bente og Knud (1971): *Filosofisk ordbog*, Kbh.

We Are Seven by William Wordsworth - Poems | Academy of American Poets

# Indgrebet
# Den spontane handling

## En "heltegerning"

Tillad mig at indlede dette essay med en personlig beretning om en spontan handling, rækkevidden af hvis uomtvisteligt meget store betydning for mig selv personligt jeg dog næppe er fuldkommen bevidst om.

Begivenheden, som beretningen handler om, fandt sted i min barndomsby Aalborg, og jeg mener ret nøjagtigt at kunne tidsfæste den til foråret 1960, da jeg var 7 år gammel.

To lidt ældre drenge og jeg selv havde en søndag eftermiddag sammen været i biografen til 4-forestilling i midtbyen og havde set filmen *Poeten og lillemor* med Helle Virkner og Henning Moritzen i hovedrollerne.

På vej hjem til vestbyen, hvor vi alle boede, passerede vi i midtbyen en forretning. Denne havde to døre med 10-15 meter imellem dem ud til gaden, hvor vi gik. Ved den ene dør var der en dørklokke. De to andre drenge gik et stykke foran mig, og, da de kom forbi denne dør, kunne de ikke stå for fristelsen til at trykke på dørklokken. Som sagt var det en søndag, og det var sidst på eftermiddagen efter 4-forestillingen, og alle forretninger så ud til at være lukket. Så da jeg ganske kort efter også passerede døren med dørklokken, trykkede også jeg på den, sikker på almindelig fred og ingen fare. Men da jeg de få meter længere fremme passerede dør nummer to, hvilken de to andre allerede var kommet forbi, sprang den snedige butiksejer lynsnart frem, greb hårdt fat i mig, trak mig ind i forretningen og låste så døren efter sig.

Disse begivenheder var svimlende og vildt angstfremkaldende for mig, og bedre blev det ikke, da butiksejeren stak mig en knaldende lussing for min forsmædelige handling. Jeg skreg hæmningsløst af angst og lod ufrivilligt vandet i bukserne så det ilende strømmede hen ad forretningens gulv, som var det inkarnationen af min egen rædselsramte sjæl.

Men pludselig, som var det frembragt af en gud selv, blev der banket hårdt på en af butiksruderne, så hårdt, forekommer det mig, at hele butikken skælvede under slagene, og disse var tilmed ledsaget af en tordenrøst, der befalede: *"Åbn døren!!"* Butiksejeren havde ingen anden mulighed end at parere ordre, og ind stormede en høj, bred, yngre herre i en lys duffelcoat, der stillede sig op foran ham og uden sordin, men tværtom med stadig høj røst og i sikre vendinger, beslutsomt konfronterede denne med, hvilken lav gerning, han havde gjort sig skyldig i.

Så hurtigt som muligt midt under den retfærdige "dom" over butiksejeren løb jeg stadig dybt chokeret ud ad den nu ulåste dør og hjem.

## Spontanitet er (hovedsagelig) historisk opkommet

Den mand, der greb ind, og som i øvrigt nok for mig kommer tættest på at kunne kaldes en helt, handlede tydeligvis spontant; han greb øjeblikkeligt ind uden overvejelse just i samme øjeblik, som butiksejeren forbrød sig. Det virkede nærmest som om, han uanset konsekvenserne for sig selv ikke ville tolerere den indtrufne uret.

Hvoraf kommer sådan spontanitet? Svar på det spørgsmål synes vanskeligt at give, eftersom spontanitet ikke lader sig kalkulere med, planlægge eller fremkalde på kommando; den indfinder sig efter sin art uventet, også for den spontant handlende. Det lader imidlertid til, at den er forbundet med en stærk velvilje over for, medfølelse med eller kærlighed til andre mennesker - så stærk, at hensynet til egen bekvemmelighed eller ligefrem sikkerhed synes at kunne spille en underordnet rolle i forhold til impulsen til en sådan spontan handling, der også kunne kaldes modig. Og er det mon ikke sådan, at det, som man har kaldt for moderkærlighed, i givet fald kunne resultere i en ligeartet spontan handling og vel netop kan hævdes at have tilsvarende grunde som de nævnte til handlingen - grunde, der dog i disse sidste tilfælde udelukkende knytter sig til egne børn?

Spontanitet er imidlertid givetvis ikke først og fremmest et fænomen, der er af førkulturel og førcivilisatorisk oprindelse; den er altovervejende et resultat af kultiverende og civiliserende processer - ikke nødvendigvis bevidst gennemførte, nogle kan meget vel være gået for sig gennem det, som den tyske filosof G.W.F. Hegel (1770-1831) kalder "die List der Vernunft", "fornuftens list"; det vil sige igennem ikke bevidste og muligvis i visse tilfælde ufornuftige hændelser, begivenheder og udviklinger, store såvel som små.

Mennesker er utvivlsomt fra naturens hånd og af nødvendighed indrettet på - som den animalske natur, det dengang overvejende *var*, men som det i dag fylogenetisk bare har i sig som mere underordnet moment - at overleve og klare sig selv, at "hytte sit eget skind" og pleje sine egne særinteresser. Denne oprindelige form for forholden sig til og gebærden sig i verden må imidlertid ikke fejlagtigt opfattes som menneskets egentlige og stort set uforanderlige væsen eller essens; det oprindelige må i denne forbindelse ikke opfattes som det essentielle ved mennesket, men derimod langt snarere som et udgangspunkt for andre - om man vil: mere etiske - egenskaber, der i hver fald i løbet af ikke kun den vestlige historie kan og kunne tilegnes.

Når den danske teolog og religionsfilosof K.E. Løgstrup (1905-81) således taler om menneskets "spontane livsytringer" som noget førkulturelt, vel nærmest metafysisk givet og ahistorisk og samtidig utvetydigt positivt som eksempelvis "tillid", "ærlighed", "talens åbenhed" og "barmhjertighed", så forekommer det klart at være en opfattelse, der kun dårligt lader sig verificere. Oprindeligt er tværtimod en vis, man må vel sige desværre, ganske sund mistillid til omverdenen uden tvivl et dominerende overlevelsesvilkår for mennesker. Menneskehedens historie i det mindste indtil for relativt få århundreder siden var da også helt åbenbart i overvældende grad behersket af mere eller mindre barbariske og anden form for repressive fællesskaber og samfund og bærer således ikke, og ikke engang eller snarere slet ikke i forhistorisk tid, præg af hverken menneskers tillid, deres tales åbenhed eller den spontane, ufortøvede hjælp til forurettede.

Spontanitet er således givetvis primært et resultat af en umådelig lang tilblivelseshistorie, der har budt på ubeskrivelige vanskeligheder, kampe og lidelseraf enhver art for menneskeheden. Først med en vis tryghed og sikkerhed i tilværelsen, der endnu i dag ikke er alle forundt, tillades det givetvis, på velfunderet grundlag og i større omfang, for tillid, ærlighed, retsind og andre mere positive handlemuligheder og egenskaber at blive mere permanent toneangivende i menneskers liv samt blive grundlag for og i hele samfunds liv, lov og retsorden.

Det må imidlertid på den anden side ikke overses, at der utvivlsomt *i alle mennesker findes noget vitalt, der vil livet* og allerinderst inde, og fra første færd ikke bevidst, på en måde dårligt tåler overgreb imod dette vitale, idet et menneske ser sit eget eventuelt ubevidste livsønske spejlet i medmennesket. Dette moment er i ikke ringe grad førkulturelt eller medfødt og utvivlsomt i høj grad kropsligt. Det kan således ikke udelukkes, at spontaniteten, eller "den spontane livsytring" for at tale med Løgstrup, bryder igennem selv hos det mest plagede menneske. For spontaniteten indfinder sig som nævnt altid uventet, og der kan ikke kalkuleres med den - skønt vel at mærke historiens og samfunds ofte ikke ganske ufornuftige udvikling vel altid spiller med i baggrunden som betingelse for en udbredt spontanitet. Det må altså fastholdes, at spontaniteten først virkeligt udvikles i historiens gang og i løbet af historien gives langt bedre betingelser end ved den menneskelige histories udspring, samt at menneskets oprindelige egenskaber langt snarere er til for det enkelte menneskes egne interessers skyld og altså nærmest kun rudimentært omfatter de af Løgstrup benævnte "spontane livsytringer". Spontane er oprindeligt langt snarere selvopholdelsesdriften og egeninteressen.

## Slutning

Den mand, som kom til undsætning i butikken, og som jeg ikke kendte, aldrig havde set før og ikke har set siden, handlede uden tvivl spontant. Og efter al sandsynlighed havde han i sin opvækst banalt sagt lært at være glad for tilværelsen trods dens større eller mindre genvordigheder undervejs i livet, som ingen forskånes for. Men det er dog på den anden side ikke givet, at han var født og vokset op på tilværelsens solside i en eller anden henseende eller i dens nærhed, for årsager til spontanitetens opdukken er som nævnt ikke ligetil at beregne.

Og trods det danske velfærdssamfunds forbedrede muligheder for spontanitet var hans handling muligvis ret enestående; måske ville kun få andre spontant eller anstændigvis gribe ind i et sådant tilfælde.

# Noter

i Den strenge lutheranske ortodoksi, som bl.a. blev grundlaget for enevældens statskirke i Danmark fra 1600-tallet, ses der bort fra i denne sammenhæng, hvor det drejer sig om Luthers "kopernikanske vending".

ii For den tyske filosof Theodor W. Adorno (1903-69) er *materien* "metafysisk" eller dialektisk filosofisk og væsentligt betragtet, det, der ikke går op i fornuften, begrebet eller ideen.

iii Måske kan det også hævdes at være en typisk reaktion på oplysningstiden, at religionen og det religiøse og det, der har affinitet hertil, fik en klart øget betydning i 1800-tallet, markeret i Danmark bl.a. igennem. vækkelsesbevægelserne – *Indre Mission*, grundtvigianismen og baptismen – samt derved, at to af de klart mest markante åndsskikkelser i landet i det 19. århundrede var kristne tænkere, nemlig Søren Kierkegaard (1813-55) og N.F.S. Grundtvig (1783-1872).

iv Adorno taler om "begrebet, der tænker imod sig selv".

v Citaterne er fra https://dan.wikitrans.net/Futuristiska_manifestet#:~:text=Det%20futuristiske%20manifest.%20Det%20futuristiske%20manifest%20%2C%20skrevet,i%20S (24.2.2022).

vi I middelalderens skolastiske teologi og filosofi regnedes filosofien derimod ikke for uafhængig, men tværtimod for at være "teologiens tjenestepige", altså teologiens hjælper og apologet.

vii Jf. artiklen *docta ignorantia* af Sten Ebbesen i *lex.dk.*

viii Hos Platon (ca.428/27-348/47 f.Kr.) betinges tro af sansbare ting, altså fx af afhængigheden af ydre, ikke beherskede kræfter, hvad angår markernes afgrøder og avlsdyrenes sundhed, mens viden på sin side kræver (religions)filosofisk erkendelse gennem tænkning. Platon synes dog i nogen grad at overvurdere erkendelsens muligheder og undervurdere troens ikke mindst, når talen som her er om det religiøse. Jf. skemaet om forholdet mellem væren og erkendelse i artiklen om Platon i *Politikens filosofisleksikon.*

ix Bente og Knud Hanneborg (1971): *Filosofisk ordbog*, Kbh.. Den nævnte ophavsmand til citatet i ordbogen,"J. Jørgensen", er identisk med den danske filosofiprofessor ved Københavns Universitet Jørgen Jørgensen (1894-1969), der bl.a. har forfattet bogen "Indledning til logikken og metodelæren" (1963).

x Hanneborg (1971).

xi Kilde (internettet): We Are Seven by William Wordsworth -

Poems | Academy of American Poets. Oversat af PF.